JN016092

株式会社
**DearOne**
［著］

# GROWTH
# グロースマーケティング
# MARKETING

CROSSMEDIA PUBLISHING

# はじめに

## 日本における
## デジタルトランスフォーメーションの課題
日本はアメリカに大きく遅れている

　DX（デジタルトランスフォーメーション）、デジタルシフトの必要性が語られるようになってから、幾年かが経過しました。この間、日本の企業でも、以前に比べるとかなり関心は高まってきているようです。国も2019年に経済産業省が「DX推進指標」を公開し、世界での競争優位性を目指そうとしています。また、2020年8月には経済産業省と東京証券取引所が「DX銘柄」を選定、デジタル技術を駆使しチャレンジする企業を評価しています。

　しかし、世界、特にアメリカ企業のマーケティング事情と比較した時、日本はまだ決定的に遅れているというのが正直な感想です。一番大きな課題で、根本的に違っているのが「顧客との関係性の構築」という視点です。

　日本の場合、「デジタルマーケティングに取り組む」というと、GoogleやFacebookの広告のプランニングをどうする？──という話に結びついてしまうケースがまだまだ多いようです。これはいわば新規顧客獲得重視のフェーズであり、ダブルファネルの獲得側、つまりROI（Return On Investment）を、CPC（Cost Per Click）、CPA（Cost Per Acquisition）といった獲得単価などで評価する程度で終わっている現状があります。

　しかし、この指標では、「ユーザーの満足」「継続的な会員化、ファン化の状態」が計測できません。顧客体験が最適化できていないといえます。

図1をご覧ください。これは顧客のライフサイクルを図示したものです。新規獲得した顧客は、アクティベーションして定着し、さらにロイヤルユーザーに進化していく人もいれば、そのまま離脱し休眠する人もいます。また、休眠しているユーザーの中には、復活しユーザーとして利用し始める人もいます。これを「リテンションライフサイクル」「カスタマーライフサイクル」などと呼びますが、大切なのは、こうした顧客のステータスを「行動ベース」でしっかり押さえることです。

　アメリカでは、CRM（Customer Relationship Management）やマーケティングテクノロジーのソリューションを用いて、このステータス管理をしっかり行っています。

**［図1］リテンションライフサイクル**

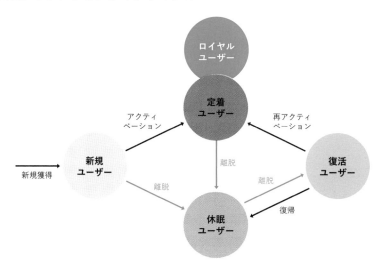

　言い換えると、日本は「新規顧客獲得」のコンバージョンを計測して終わり。それに対してアメリカは、獲得がゴールではなく、獲得した顧客をいかに、図1の中央上段、継続的な関係へと導けるかを注視してい

ます。ここがモニタリングできないと、今後競争に勝っていくことは難しいのではないでしょうか。

　継続的な顧客との関係性を追求する際には、顧客理解、顧客満足、顧客体験、エンゲージメントという視点が大切です。これを目指すのと目指さないのとでは、サービスの質の差がますます広がっていくことになります。しかし先述の通り、顧客エンゲージメント獲得を推進するための指標が日本には根付いていません。

　今後グローバルな競争がますます進み、同業他社との競争激化、異業種企業との競争など環境変化が避けられない中で、どのように対応していくことが、自社サービスが顧客に受け入れられることにつながるのでしょうか？

## アメリカでの成功事例

　ここでひとつ事例をご紹介しましょう。

　アメリカ・マサチューセッツ州生まれの若者、ケビン・シストロム氏は、大学時代の友人とアプリ開発会社を起業し、そこで位置情報機能を利用し写真とともにチェックイン情報を投稿するアプリ「Burbn」を開発しました。

　学生の頃、トイカメラにはまっていた同氏は、レトロで温かみのある画像加工ができる機能をBurbnに盛り込みました。一部の投資家はBurbnに興味を持ち、50万ドルの資金調達に成功します。

　しかし、残念ながらユーザー数はあまり伸びませんでした。本人曰く「数名のユーザーが何度も使ってくれたが、その他のユーザーはすぐに去ってしまう状況」で、同氏が当初想定していたような「位置情報」アプリというユーザーニーズは、残念ながらなかったといえます。

　なぜ失敗したのか、ユーザーは本当はどう利用したいと思っているの

かを詳しく調査した結果、ユーザーのエンゲージメントが主に「写真機能」にあることがわかりました。そこで同氏は、「写真機能のある位置情報アプリ」から「位置情報機能のある写真投稿アプリ」へと、サービス方針を転換します。

2010年10月、わずか8週間の開発期間でアップルストアに登場したこの新アプリは、またたく間に評判となり、2カ月後には100万人ユーザーを獲得。リリースから1年を待たずして、ユーザー1,000万人に到達します。

## ［図2］行動分析によるグロースの例

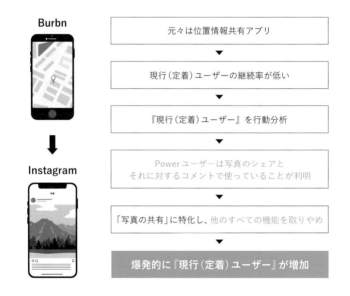

これが現在の「Instagram」です。

この事例は、顧客のエンゲージメントが何かを探り当てることが、い

かに重要かということを物語っています。

## グロースマーケティングで、課題を解決する

　かつてのようにプロダクトアウトで高い成果が望めなくなった今、日本企業が世界で対等に戦うためには、顧客理解、顧客満足、顧客体験、エンゲージメントという視点に根ざした、真の顧客満足の追求と実現が重要になってきます。Instagramの場合、「写真の共有」がエンゲージメントのポイントでした。

　これを解決するために、我々が本書で提唱するのが、グロースマーケティングです。
　グロースマーケティングとは、これからのDX時代において世界で勝つための、企業・事業・製品・サービスの持続的成長にフォーカスしたマーケティング活動です。

　我々DearOneは、アプリの開発・運用や行動分析をはじめとした各種マーケティングツールのご提供、さらにはカスタマーサクセスのご支援といったサービスの提供を通じて、企業消費者間のコミュニケーションをテクノロジーでデザインしてきました。日々、グロースマーケティングの考え方をもとに、お客様の事業の成長、そして消費者との心地よいコミュニケーションの実現をご支援してきた中で得た知見から、本書を通じて以下のような悩みに対する対応策やヒントをご提供できればと思います。

---

　・プロダクトを成長させるために、何から取り組めばよいかわからない。

・デジタルマーケティングの成果が出なくて悩んでいる。
・休眠ユーザーを掘り起こしたい。解約を止めたい。
・データはたくさんあるが社内に散在しており、どこから手をつければいいかわからない。
・マーケティング施策実行の根拠や成果について、瞬間の効果だけでなく、LTVやロイヤルティ向上に寄与したかを計測したい。
・もっとユーザーが起こした行動データを即座に見たい、知りたい。
・「DX」「デジタルシフト」と経営層からいわれるが、何からやればいいかわからない。

---

　本書は次のような構成になっています。

　第1章では、グロースマーケティングについて知っていただくために、定義、全体像と、重要になる視点・キーワードをご説明します。

　第2章では、グロースマーケティングが今後必須になる根拠として、現在のマーケティングの潮流と、内外環境における課題について整理します。

　第3章では、いよいよグロースマーケティングの手法の詳細について、最重要となる「3つの軸」を中心に解説します。

　第4章では、データを一気通貫で、シームレスに連携させるためのデータ整理手法である「タクソノミー設計」について解説します。

　第5章では、アメリカで特に注目を高めており、日本にも展開を進めているマーテックソリューション企業3社のインタビューから、グロースマーケティングが何をもたらすのかを解説します。

　第6章では、グロースマーケティングの最先端を行くアメリカで、実際にどのようなことが起こっているのかを解説します。

　第7章はケース・スタディー形式になっています。第3、第4章で述べてきた手法をもとに、実際にグロースマーケティングの世界を体験して

いただきます。

　本書を理解し、グロースマーケティングを取り入れていただくことで、皆さんがお持ちの自社製品・サービスが大いに成長し、世界中の顧客を歓喜させ続けることを願っています。

第 **2** 章
# マーケティングの潮流をつかむ

第 **3** 章
# グロースマーケティングの3つの軸

# 第4章
# データ活用の肝 タクソノミー設計

# 第 5 章
# 最先端のマーケティングの今

# 第 6 章
# 実践企業に学ぶ
# グロースマーケティング

# 第 7 章
# 実践!
# グロースマーケティングの進め方

# おわりに

# 第 1 章

# グロースマーケティングとは何か?

GROWTH
MARKETING

# グロースマーケティングを知る

## 3つの軸

　この章では、グロースマーケティングの概要を知っていただくために、基本的なコンセプトとなる概念をあげて、説明したいと思います。ここで、グロースマーケティングの概念、フィロソフィー、大切にすべき考え方という全体像をつかんでいただければと思います。

　我々の提唱するグロースマーケティングは、次の3つに因数分解できます。この3つが、揺るぎない核となるものです（図3）。

---

　1) 行動理解(Behavioral Analytics)
　2) 高速に施策を繰り返す（Rapid Iteration）
　3) 的確な目標・指標設計（Business Impact）

---

　詳しくは第3章で解説していきますが、まず顧客を行動ベースで理解するということ。その後、顧客体験を高めるサービスの改善、施策をシームレスに速いスピードで行うこと。さらにその改善・打ち手によって何を目指すのかという指標を、しっかりとビジネスのインパクトを理解した状態で設定するということ。この3つをセットで行うことが重要になります。

「はじめに」で図示したライフサイクルモデルの図（P.003）の左側（新規獲得）だけで終わることなく、「定着」「ロイヤル化」へと、顧客をいざなうことが大切です。

## ［図3］ グロースマーケティングの3つの軸

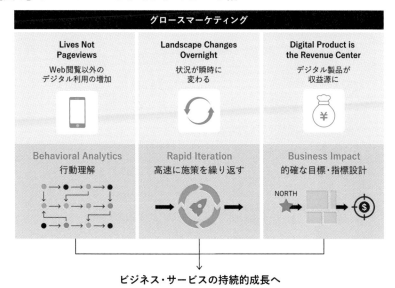

**ビジネス・サービスの持続的成長へ**

# グロースマーケティングと
# グロースハックの違い

　ここで、我々が新しく提唱する「グロースマーケティング」と、最近日本でもよく聞くようになった「グロースハック」この2つの概念の違いを説明しておきましょう。

---

・グロースマーケティング：企業・事業・製品・サービスの持続的成長にフォーカスしたマーケティング活動
・グロースハック：製品・サービスの成長を効率よく行うためのテクニック・手法

---

## ［図4］ グロースマーケティングとグロースハックの違い

| | |
|---|---|
| **戦略** | グロースマーケティング<br>◎企業・事業・製品・サービスの持続的成長にフォーカスした<br>　マーケティング活動<br>◎環境整備、人材育成、組織変革も含めたグロース戦略 |
| **戦術** | **グロースハック**<br>◎製品・サービスの成長を効率よく行うための<br>　テクニック・手法<br>◎サービス自体に拡散・成長の仕組みを取り入れる点を重視 |

　グロースハックは、2010年にアメリカQualaroo社CEOショーン・エリス氏によって提唱された「グロースハッカー」という職種が元となって生まれた言葉であり、サービス自体に拡散・成長の仕組みを取り入れることを重視しています。近年、日本でもグロースハックをテーマにした書籍が発刊されるなど注目を集めているのは皆さんご存じかと思います。「ハック」というのは、「ハッカー」という言葉が「コンピューター技術やプログラミングに詳しく、その機能改善に喜びを感じる人」を表わすことから、「テクニック」「手法」「打ち手」という意味合いが強い言葉です。一方のグロースマーケティングは具体的なマーケティング手法や製品改良の手法にとどまらず、企業の目標設計を含めた戦略やグロースの考え方を根付かせる組織・体制づくりなどもスコープとしています。

　つまり、グロースハックとグロースマーケティングはどちらも製品・サービスの持続的な成長を目指しながらも、「グロースハック」はより戦術的な話、一方の「グロースマーケティング」はその上位概念として、「グロースハック」を駆使するためのより戦略的な視点での話、と区別することができます。

グロースハックの重要性が理解できても、これを自社に導入し、サービスの向上につなげるには様々な問題点が存在します。特に日本における旧態依然とした仕事のやり方を改革していくことは、単なるツールの導入だけでは不可能です。環境整備、人材育成、組織変革も含めた、全社的な変革の取り組みが必要になります。これを成し遂げることがグロースマーケティングです。

# ユーザーの行動を理解しなければ ニーズを把握できない

## 行動起点で見る
## 〜経験と勘では見えない消費行動〜

　企業が製品を開発し販売する際、ターゲットを選定し、ターゲットが持つ課題を解決できる商品として打ち出すのが普通ですが、実は企業が想定していなかった使用方法で人気を博し、そのために売上が伸びているということがあります。データをもとに顧客行動を精緻にチェックすることで初めて、そのような現象が見えてくるようになります。

　例えば、夏に食べたくなるアイスキャンディ。最近ではランニング愛好家や喉を使う仕事をしている人が、アイシングや水分補給のツールとして使用しているケースが増えていると聞きます。また、ある食器乾燥機は、プラモデル塗装後の乾燥を早めるアイテムとして、模型愛好家の中では定番アイテムになっているのだとか。

こうした、想定とは異なる使用方法で顧客に広がるというユーザーニーズの動きは、従来のアンケート調査などでは発見が困難です。なぜなら、従来のアンケート調査では、企業側が想定したターゲットに、想定したニーズに合わせたアンケートを行ってしまうからです。

　企業側が経験と勘から想像するユーザーのニーズをもとに考えるのではなく、実際のユーザーの行動を見て初めて、そういう行動が無視できない頻度でありうるということが判明します。食器乾燥機が思いもよらず秋葉原だけで熱狂的に売れており、調べてみると、実は随分以前から模型屋でプラモデルを乾燥させる目的で販売されていた、というようなこともわかります。

**［図5］経験と勘で見えにくい消費購買行動（例）**

**アイスキャンディ**

ランニングや喉を使う仕事をしている人の間で「アイシング」として使用されることが増加。100円以内という手軽な値段、スーパーやコンビニなどいつでもどこでも手に入る入手性の良さが、よく使われる理由の一つ

**食器乾燥機**

塗装後のプラモデルを早く乾燥させるために利用されることが一部の層で増加。プラモデル用の「模型乾燥機」は値段は数万円程度と高い。食器乾燥機なら5,000円前後で購入でき、乾燥ができるかつ埃がつかないので人気に

**コックシューズ**

雨の中でも滑りにくいとしてレインシューズ代わりに、女性の間でヒット。ツイッターの投稿でバズってから、雨の日にコックシューズを履いている女性がちらほら

出典：ferret マーケターのよりどころ 2019/8/27 記事

　このように、行動を見ることによって、結果の数字からだけでは見えない消費購買行動のパターン、バリエーションを見ることが、グロース

マーケティングの3つの軸の一つである行動理解という考え方の基本です。

## データで行動を押さえる
## 〜データドリブン〜

　これまでも、市場の動きやユーザーニーズを把握しようとする際には様々な手法がとられてきました。定量的なデータとしては、自社内に蓄積された売上データやWebサイトのアクセスログ、アプリの利用ログを分析し、定性的なデータは一部のユーザーをサンプル抽出してアンケート調査を行う方法、ユーザーインタビューを行う方法などが取られてきました。

　たしかに、特定のユーザーの行動を深く知るというのはマーケティング施策を検討する上で非常に重要です。一方で、自社の製品・サービスをグロースさせるためにユーザー全体がどのように行動しているのかを把握し、どこに課題があるのか、どこを変更すればインパクトが大きいのかを大所高所から俯瞰するためには、従来のような一部の限定的な人を対象に、限定的な瞬間の満足度を収集して、「良かった」「悪かった」を判断する方法だけでは不十分です。

　大量データ処理のインフラが整い、顧客の行動がデータ化されてトラッキングすることができ、しっかりと情報設計を行えば、「来店」「購買」「サイト来訪」「アプリ使用」といった顧客の多岐にわたる行動が捕捉、蓄積できる時代になりました。真の顧客の行動を把握し、ビジネスに生かす、これがデータドリブンです。

　2018年5月24日、アメリカのエンターテインメント業界で、DX時代到

来を象徴する出来事がありました。Netflixという、創業から10年に満たない新参者の企業が、業界王者であったウォルト・ディズニー・カンパニー、コムキャストを株価の時価総額で追い抜き、アメリカ最大のメディア企業となったのです。

　実はこのNetflix大躍進の礎には、「データドリブン」をやり抜いた、という事実がありました。

　Netflixは徹底したABテストで最高のユーザー体験を提供することを追求しました。Netflixは動画配信サービスですので、ユーザーが動画を見続けてくれるようにしなければ解約されてしまいます。動画を見てもらうためにはバナーやサムネイルなどのコンテンツでユーザーに興味を持たせる必要がありますが、このコンテンツをABテストを行って改善しました。

　まず、ユーザーをいくつかのグループに分け、グループごとに異なるコンテンツを表示するようにします。単に異なるデザインにするだけでなく、ロゴのアスペクト比やサイズ等も複数パターンを作って試します。

　そして、各グループごとのリアクションを集計し、ストリーミング時間や継続率などの重要指標の変化を見ます。複数のパターンのコンテンツでの実験を並行して行い、最も結果の良いものをデータドリブンで見つけ出すのです。

　良いデザイン、良いコンテンツの決定は、勘と経験や好みに左右されがちです。しかしNetflixではユーザーの視聴という行動データに基づいた判断がなされています。

　データドリブンの世界では、従来行ってきた個々のユーザーの行動背景を理解することに加えて、実在しているすべてのユーザーの実際の行動を観察しつつ、その行動をとったすべてのユーザーに対して、個々にアクションを起こしていく、という活動も加わります。

これはいわばユーザー個々との「コミュニケーション」といってもよいかもしれません。さらに、全量データで見て分析し、シームレスにコミュニケーション展開までつないでいくことで、Netflixが実現しているような良好な顧客との関係性の構築が実現できます。

　グロースマーケティングではデータドリブンの考え方をもとに、顧客の行動を把握することで消費行動を理解する点を重視します。

# 場所もタイミングも違う顧客体験をすべて把握する

## ユーザーの行動を一気通貫で押さえる 〜クロスチャネル〜

　では、「全量データ」の意味をもう少し掘り下げて解説しましょう。

　今までのWebマーケティングは、一言でいうと、「瞬間の行動」をとらえるというものにすぎませんでした。例えば、ある人があるECサイトにアクセスした時、「どのページを見たか」とか、「どの商品の詳細ページまで行って」「どの商品をカートまで入れたか」という、Webサイトでのインからアウトまでの行動を追っていく、というのが従来の作法でした。

　Google Analytics（GA）などのアナリティクスツールでは、こうしたWebのセッションベースが基本となっていますが、この方法では、ユーザー行動の捕捉に限界が出てきています。

　ニールセン デジタルのレポートによると、2018年12月の日本の平均スマートフォン利用時間は、1日当たり3時間5分で、そのなかでもアプ

リ利用が84％、Webブラウザ利用が16％という結果が出ています。つまり、例えばiPhoneならSafariやChromeアプリで、Webブラウズして検索して見るという行動は3時間5分のうち、ごくわずかでしかないということです。

[図6] スマホでWebブラウズする割合は少ない

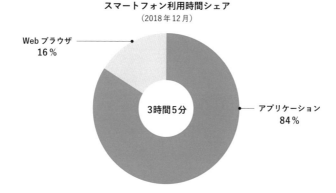

スマートフォン利用時間シェア
（2018年12月）

Webブラウザ
16％

3時間5分

アプリケーション
84％

※ブラウザとアプリからの利用　※18歳以上の男女を対象
※アプリケーションおよびブラウザからの利用時間は、カテゴリーベースの利用時間を使用

出典：ニールセン モバイル ネットビュー

　LINE、FacebookなどのSNSやその他コミュニケーションサービス、Instagram、スケジューラー、フィットネスアプリ、Spotifyなどの音楽アプリなど、多種多様なアプリが人気を博し、多くの人がそうしたアプリの活用に時間を割いています。スマートフォン上でのユーザーの行動は、アプリを閲覧したり、その場では購入しないがお気に入りに入れておくなど、多種多様です。これらの行動を全部捕捉しないことには、顧客の本当の動向は把握できないということになります。

　したがって、前述の「行動ベースで顧客を押さえる」ためには、それら多岐にわたるユーザーの行動情報を一気通貫で結び付け、分析すること

が望ましいということになります。

**[図7] クロスチャネルでの行動**

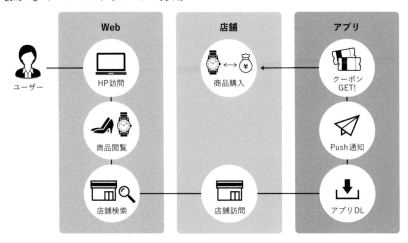

例えば、Aさんという1人の人間の「Webサイトを閲覧した」という行動、リアル店舗で「来店した」「商品を買った」という行動、「ECで購入した」「アプリで商品をチェックした」というアプリの操作履歴、といった行動情報を、すべてつなぎ合わせて追うべきということです。

生活雑貨店をイメージすると、

「サイトを見る」
「LINEの通知から新商品の情報をキャッチする」
「Instagramで映えている写真を見る」
「お店に行って手に取ってみる」

これら、場所もタイミングも違う顧客体験を、全部捕捉するというのが究極の理想です。

　例えばLINEとInstagramとWebサイトで商品を見たお客様が、その後店頭で購入したかどうかまで把握するということです。一つのタッチポイントだけで購入に至ることは稀な時代に、マーケターであれば顧客が購入までにどのような導線をたどったのか知りたいと思うのが当然でしょう。加えて、グローバルなブランド企業であれば、国によるマーケティング管理、情報管理の壁を越えて、ブランドの顧客体験をグローバルで統一できるのが最善です。しかし、組織、商品、チャネルなどでの局所最適に陥り、せっかくそれぞれでため込んだデータが「サイロ化」し利用しきれていないということはよくあることです。

　データを統合しすべてを一気通貫で捕捉するには、このユーザーのWebのアクセスID（会員の識別）、店舗に来た時の会員証番号ID、アプリの会員IDといったものがすべて紐付けられ、これらは同じ「Aさん」であるということが認識できるようになることが必要です。情報管理では情報を「しっかりためる」と同時に、それをつなぎ合わせた形で追跡できる環境をつくることが重要だということです。こうした同一人物の行動を捉えるためのIDをあらゆるチャネルで取得し、統合、名寄せしていくというのが非常に重要な課題となっています。なお、データを個人の行動ベースで紐付け、効果的な施策を打つためにセグメント化する作業は、これまで専門的な技術者が頭をひねり、プログラミング言語を駆使してはじめて実施できるもので、数日〜数週間という、とても時間がかかるものでした。しかし、最新の分析ソリューションを活用すれば、これが数十秒から数分で実現できるようになりました。

　データの統合と一気通貫での分析を高速に行うことは簡単ではありませんが、これがグロースマーケティングの3つの軸の一つである「高速

に施策を繰り返す」ための基盤として重要になってきます。

## オムニチャネル、OMOから
## グロースマーケティングへ

　多数のチャネルを機能させる、というマルチチャネルの思想から、クロスチャネル、オムニチャネル、O2O（Online to Offline）の考え方に発展していくに従って、リアル店舗とECはより統合的に、より顧客志向を目指しつつ、かつ両方で売上を最大化するように仕組みづくりが進んできたといえます。

　これらをさらに発展させて語られているのがOMO（Online Merges with Offline）です。
　OMOのカギは、顧客行動を追い、顧客理解をし、顧客体験を促す、という点ですが、これを実現するための有効な行動施策を見つけ出し、実施することは、前述の通り多数のデータサイエンティストが、長時間かけて初めて達成できる非常にハードルの高いものでした。Web、アプリ、店舗といった複数のチャネルにおいて蓄積されたデータの場所もフォーマットも異なるため、ユーザー軸で紐づけて分析するために膨大な時間を要するのです。

　これらの課題を解決し、恒常的にユーザーの行動をつかめるようになれば、サービスレベル、顧客理解が上がり、サービス改善や施策にも転換でき、さらにその施策のスピードが上がれば、顧客体験も向上し、ひいてはライバルとの競争に勝っていくことができるようになるといえます。
　グロースマーケティングの実践により、POSデータなどの店舗（オフライン）のデータと、ECサイト（オンライン）上でのクリックや購入な

どのデータを紐づけ、クロスチャネルでのデータ分析をもとに顧客行動を深く理解し、OMOをさらに加速させられると考えます。

# グロースチームの組成、マーケティング部門の進化

## データの民主化

### ツール一つで全員が分析できる世界

　ツールの進化により、特定の技量を持っている人に依存せずユーザー行動データの分析作業が簡略化されることで、真に必要な人が、誰でも、即座にデータを使いこなすことができるようになる。これを「データ分析の民主化（データの一般化）」と呼びます。

　行動分析には、フォールアウト分析、トレンド分析、ジャーニー分析など、多種多様なものがあり、大量のデータを分析するには、これまで長い時間と高い専門性が必要でした。ウォルマートのような大企業であれば、分析官だけでも1万人単位の人数がいますから、手作業でもなんとかなりますが、中小企業になると人員的にもそうはいかず、1〜2人のデータサイエンティストがデータの整形・加工をなんとか納期に間に合わせ……などというケースもよく耳にする話です。

　こうしたデータ分析の作業を、一部の限られた人間だけではなく、ツールの力で組織全員がこなせるようになる、というのも、グロースマーケティングが目指すポイントになってきます。

　データ分析の作業が誰でもできるようになることで、下記のようなこ

とが可能になります。

❶ 上意下達で行われていた業務の流れが、誰でも欲しい人が欲しい
　データを閲覧できるようになることで、時間のロスが削減できる。
❷ データ処理自体に時間がかかっていたものが高速で処理できる
　ようになり、クリックひとつで瞬時に閲覧できる。

## 経営層と開発部門とマーケターが同じデータを見る

　データ分析のプロセスで発生する実際の業務は、これまでのやり方で
はどうしても分断化してしまいがちです。

　企業規模が大きくなればなるほど、各部門・各組織での役割・ミッ
ションは分業化されるため、インフラとしていかにクラウドソリュー
ションを導入しようとも、全体をシームレスに連携させていくのが困難
になっているという現実があります。

　解決のカギが、この「データの民主化」にあると考えます。つまり、組
織内で別々の職位・役割を担ったプレイヤーが、上意下達式ではなく横
並び式で連携し合うようなイメージです。

　具体的には、経営層、開発部門、またマーケターといった異なる職位
と役割を持つメンバーが、みなシステムの同じデータを見ているような
状態です。同じデータを見ることで、共通の目線で会話できるようにな
るため、意思決定のスピードも速まり、同時に要員も少なくてすみます。

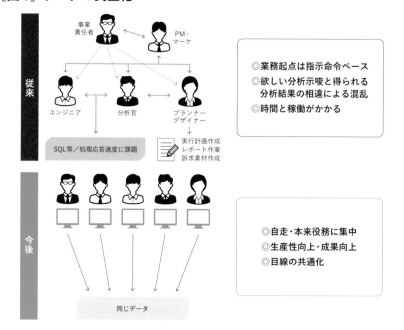

## 一連の流れを分断化しないでやり抜く

「データの民主化」を実現する際には、データは、取得から活用する場面まで一気通貫でつながっている必要があります。

しかし実際には業務ごとにデータのバケツリレーのようなことが起こっており、全体の工程も長くなってしまっています。

図9は一般的なWebサービス提供のデータ連携を示しています。デジタルマーケティング推進室がコミュニケーション戦略をつくり、カスタマーサポート部がシナリオをプランニングし、広報部が配信施策を行い、IT部門はそれらデータやコンテンツの設計・加工を行うというように、対象領域、プロセスごとに役割が分かれているのが通常だと思います。こういう状態で複数の人々が異なるツールを通して業務を連携する際、いったんデータをローカルに取り出して、それを別のツールに取り込ん

## ［図9］ 一般的な Web サービス提供におけるデータの流れ

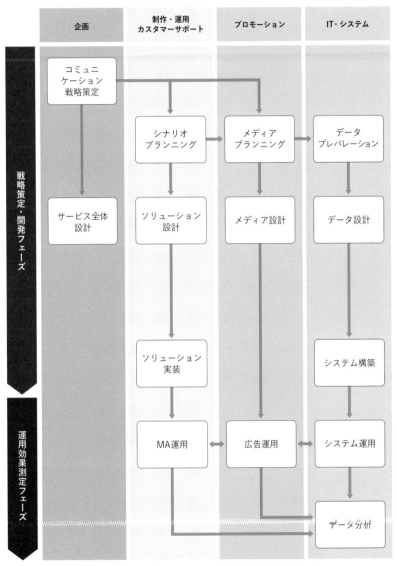

で……というようなことが普通に起こり、シームレスとは程遠い状態になっています。

　原因として、前述の組織形態の問題もありますし、それと同時に、連携を阻害しないためのシステムのあり方についても考えていかなければなりません。

　グロースマーケティングは、単なるマーケティング部門の活動にとどまらず、プロダクトの成長に向け関係各部門の業務から生み出されるデータの流れを整備し、企業の重要な資産であるデータが活用できる状態を作ります。

　ここまでお話ししてきた通り、グロースマーケティングに取り組むことで、以下の3つが実現できます。

①行動理解
　データドリブンの考え方をもとに顧客の行動を把握することで、変化が激しく予測しにくくなった消費行動を理解し、最適な施策を実行する。

②クロスチャネル分析
　POSデータなどの店舗（オフライン）のデータと、ECサイト（オンライン）上でのクリックや購入などのデータを紐づけ、顧客行動を深く理解し、OMOをさらに加速させる。

③データの民主化
　プロダクトの成長に向け関係各部門の業務から生み出されるデータの流れを整備し、企業の重要な資産であるデータを、メンバー全員が活用できる状態を作る。

第 **2** 章

# マーケティングの潮流をつかむ

# GROWTH MARKETING

# 時代の変遷による
# マーケティングの変化

## マーケティング4.0からマーケティング5.0へ

　本章では、グロースマーケティングが必要となっている背景、すなわち、現状のマーケティング環境がどのように変化してきているのかを俯瞰し、これからのマーケティング領域で必要となること、現状の課題を解説していきます。

　インターネットが登場し、ユーザーが増えはじめ、いくつかのプラットフォームが登場してきた2000年頃までは、経営学者フィリップ・コトラーを代表する古典マーケティング戦略、いわゆる3Cと4Pといったマス生産方式のフレームワークに基づいてマーケティングが語られることが主流でした。この時代は製品主導で、出せば売れるものをいかに効率的に市場に乗せるかといった点に主眼が置かれていました。

　その後インターネットがさらに発達しWeb1.0が始まり、発信から双方向へ、双方向からソーシャルへ、行動メインへと、技術革新とともにマーケティングもいくつかのフェーズで進展してきました。

　2014年頃にコトラー氏が「マーケティング4.0」を提唱します。これは顧客の「自己実現」に主眼がおかれた思想で、個々の異なるユーザーそれぞれのありたい欲求に対し、生産者側がいかに寄り添い、エンゲージメントを構築できるかに焦点が当てられたものです。ちょうどこの頃、海外では「サブスクリプション」「SaaS」など、今日本で注目されているビジネスモデルが登場してきました。

　そして2021年に、コトラー氏が新たな基軸「マーケティング5.0」を出版しました。マーケティング5.0は、4.0の思想を受け継ぎ、企業と顧客

の関係性の捉え方はそのままで、デジタル技術のさらなる進化に合わせてよりブラッシュアップされたものです。『マーケティング4.0』の共著者であるヘルマワン・カルタジャヤ氏、イワン・セティアワン氏の講演によると、その要諦は、以下のようなものです。

①Webや SNS、POS、各種センサーなどからオンライン経由でもたらされるビッグデータに立脚した「データに基づくマーケティング（DATA − DRIVEN MARKETING）」

②統計モデルや機械学習による予測を使って効果を最大化していく「予測マーケティング（PREDICTIVE MARKETING）」

③センサーで顧客の性別や年齢、その場の気温といった情報を読み取り、対象や状況に応じて最適の提案を行う「コンテキスチュアル（文脈を読む）マーケティング（CONTEXTUAL MARKETING）」

④ARゴーグルなどで人間の能力を増強してサービスを向上していく「拡張マーケティング（AUGMENTED MARKETING）」

⑤リアルタイムで分析を行い、その結果をすみやかにカスタマー対応に反映させる「機動的マーケティング（AGILE MARKETING）」

（参考）https://dot.asahi.com/dot/2020111700050.html?page=1

　デジタルの普及と市場の成熟によって、これらの要件を注視していくことが不可避な状況といえそうです。そしてこれらはまさに、本書で述べるグロースマーケティングによって我々が解決しようとしていることにほぼ一致しています。

# アノニマスユーザー向けの打ち手

　前述のようにマーケティング全体の流れが大きく変わっていく中、もう少しミクロな視点ではどのような変化があるのでしょうか。まずは顧客獲得の最初に直面する、アノニマスユーザー（IDなどで個人識別できていないユーザー）向けの打ち手である広告の変化についてです。

## ネット広告は堅調だがGAFAが寡占

　電通が公表した「2019年 日本の広告費」によると、現在、日本の広告市場は約7兆円規模（2019年の国内の総広告費は6兆9381億円）で、広告市場は緩やかに拡大しています。ただし、大きく伸びているわけでもなく、その7兆円市場の中では激しいパイの争奪戦が繰り広げられています。

　媒体別の出稿比率で見ると、インターネット広告費が約2兆円で、テレビCMを抜いて1位になりました。さらにその内訳を見ると、GAFAおよびその他の、大手プラットフォーマーが広告の配信の仕組みを一手に請け負うという図式になっています。中でもGoogleとFacebookが市場の約8割を占めてしまっているのが現状です。

　近年まで「アドテク（広告関連テクノロジー）」など、広告領域テクノロジー系の様々なスタートアップが登場してきましたが、彼らはすでに身動きの取りづらい状況になっているといわざるを得ません。極論すれば、もはやGoogleとFacebookの機能進化がそのままアドテクの進化であるといえるような状況です。

## 広告の品質が問題に

　一方で、近年、Web広告業界では広告の「質」に関して議論されるようになってきました。発信する広告が、ユーザーから見て「ウザい」と思われたり、著作権、肖像権侵害など法令、モラルに欠けるものになっ

たりしてしまうと、ブランドイメージにも傷がつきますし、せっかくの宣伝が逆効果になります。

　自社の広告にそういう観点で問題がないか、見直しを図る動きがあります。食品・日用品の大手ユニリーバは、GoogleやFacebookなどで、フェイクニュース、人種差別的な表現、子供に悪影響を及ぼすコンテンツなどが出回っていることを問題視し、十分な監視体制が確立できない場合は広告出稿をやめると警告したそうです。

　対策として、ITP2.0、GDPR、アドフラウドなどの規制も論じられています。

## 入札価格が高値に

　また広告の評価についても変質してきています。これまでCPC、CPAといった指標で語られてきましたが、リスティング広告など入札制の影響で価格高騰が起こり、純粋にROIで見た時には効率的とはいえない状況が広がっています。

　数年前から「マーテック」という言葉が聞かれるようになりました。これは前述のマーケティング4.0以降の、デジタル技術を生かしたマーケティング手法全般の変革をいい表していますが、もはや「アドテク」にとどまらない、マーケティング全体を見通した広告評価が必要となってきています。

　そしてその世界では、CPC、CPAではなく、LTV(Life Time Value)が重視されるようになっています。

## 強化される規制

　2018年欧州で制定されたGDPR（General Data Protection Regulation）により個人情報保護に関する規制強化が始まりました。IPアドレスやCookieは個人情報とみなされ、それらの取得にはユーザーの同意が必要

になるというものです。2020年1月、Googleはサードパーティ Cookieの
サポートを段階的に廃止することを発表。これは、広告でのリターゲ
ティングができなくなることを意味します。またアップルも2021年1月、
IDFA取得に際し、ユーザーからのオプトインの必須化を2021年春先か
ら開始すると発表しました。これによりiOS 14ではIDFAの使用に制限が
かかり、ターゲティングを含む広告配信が難しくなると予想されていま
す。


# プロダクトアウトから
# プロダクトグロースへ

## プロダクト自体が自走する仕組みが必要

　これまでのマーケティングでは、メーカー側が良いと思い製造した完
成製品を販売し、瞬間の売上の優劣で成果を測っていた部分がありまし
た。例えばある家電メーカーが、新製品の冷蔵庫を一台20万円で発売し、
これを毎年5万人に売っていこう、合計5万台×20万円で、目標売上高
100億円、というようなマーケティング戦略を目指していたわけです。
そういった世界ではプロダクトライフサイクルに代表されるように、製
品の買い替えサイクルや、市場への普及度という指標を持って市場をと
らえることが重要とされていました。
　しかし現在のように市場に製品もサービスも飽和しコモディティ化し
てくると、それだけでは差別化できない状況が生まれてきています。そ
こでは、ユーザーがその製品を好きになって、その製品を継続して使う
というように、製品を「プロダクトアウト」しておしまいではなく、「プ

ロダクト自体が勝手に自走する・成長する」仕組みを生み出す必要があります。プロダクトを出したことによって、その接点をきっかけに、ファンとなり、ファンがさらに拡散し、その拡散したファンの行動がメーカーにフィードバックされ、次のプロダクトでまた改善していくようなイメージです。具体的には、ユーザーコミュニティの場が用意されていて、そこで継続的な使い方が学べたり、製品についての理解を深められたり、というようなエンゲージがずっと継続されるというところが、従来のプロダクトアウト型ビジネスとの大きな違いです。

**［図10］プロダクトアウトから、プロダクトグロースへ**

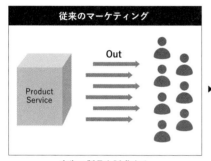

広告で製品を訴求する

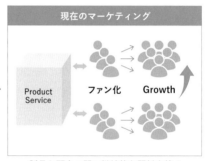

製品と顧客の間に継続的な関係を築く

# 事例：ソニー株式会社　デジタル一眼カメラ α（アルファ）シリーズ

　LTVを重要視し、それを実現するための顧客体験の方策として、日本でも早くからこれに取り組んできて成果を上げているのが、ソニーのデジタルカメラ・α（アルファ）シリーズです。

ご存じの通り、日本のデジカメ市場は2010年をピークとして年々縮小の一途をたどっています（図11）。iPhoneをはじめとするスマートフォンでも手軽に高画質な写真を撮影することができるようになったことも大きな要因と考えられます。

**［図11］デジカメ市場はピークの8分の1に**

国内デジカメ各社の総出荷台数（万台）

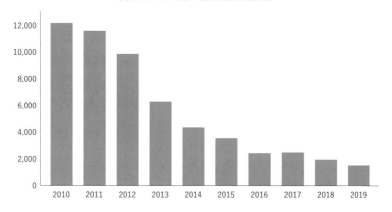

出所：カメラ映像機器工業会

　こうした中、α（アルファ）シリーズを展開するソニーは、購入後、顧客をオンラインからオフラインへ誘導する施策（O2O）として、体験価値を高める施策をとりました。「P3」（3カ月に3回以上のユーザーへのコンタクト）というCRMアクションを定め、商品開発者のインタビュー、使いこなし方の提案、カスタマイズのガイドなど、購入した商品により親しみ、活用できる情報を、しかもセミプロから初心者までのレベル層に合わせてメールで情報提供しました。その結果、一般的なメルマガの開封率が1.3％程度であるところ、P3のメールは32％にも至ったそうです。
　さらに、P3施策の後半では、同社が運営するコミュニケーションサイ

ト「αCafe」への誘引を行っています。このサイトでは、コミュニティグループ、自分が撮影した写真の紹介など、商品の活用価値を高めるコンテンツが用意されており、さらにそこから、撮影イベントなど、ファンのコミュニケーションを拡大していく体験会などを開催し、オフラインでのコミュニケーション機会を提供しています。

2015年当時のソニーマーケティング代表取締役社長・河野弘氏によると、購入時点のLTVを1とすると、顧客が購入後に使った金額は、各施策別に、P3が3.85、αCafeが5.24、リアルの体験会は5.34を示したそうです。

以降、ミラーレスデジタル一眼カメラの分野では、αシリーズはファンから高い支持を得て、交換レンズを中心に幅広いラインナップを揃えていきます。そして2020年には、セグメントでは老舗オリンパスが撤退、ニコンが赤字転落となっている中、ソニーがデジタル一眼カメラ市場を大きくリードする形になりました（図12）。

## ［図12］ ソニーがデジタル一眼カメラ市場を大きくリード

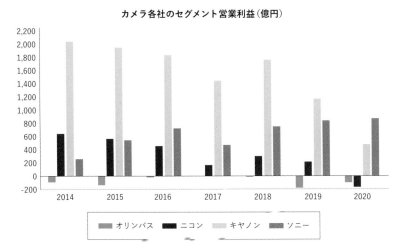

カメラ各社のセグメント営業利益（億円）

オリンパス　ニコン　キヤノン　ソニー

出所：各社決算資料（注）キヤノンは12月期、それ以外は3月期。各社の業績にはカメラ以外の利益も含む。

従来の「一眼レフ」ではなく、軽量・コンパクトを可能とするミラーレス一眼がαシリーズの特色でもあり、ソニーの持ち味であったわけですが、顧客とコミュニケーションをとり続けることで「気軽に、いい写真を撮りたい」というユーザーのニーズをいち早くつかめたことも、他社の方針に翻弄されることなく、この製品ラインナップ戦略に邁進できた理由のひとつともいえます。これも「顧客体験価値を高め、コミュニケーションし続けることで、商品の価値をさらに磨き上げる（自走させる）好例といえます。

　河野氏は「これまでは売ってしまったら終わりという意識がどこかにあった。だが、お客様の目線で活動を考えた場合、購入時だけが重要ではない。購入前には、商品に関する様々な情報を得たり、製品に触れたりできる場を求めている。また、購入後にも、買ってよかった、使ってよかったと思っていただけなくては、顧客価値が最大化できない。購入前、購入時、購入後のすべてにわたって、満足度を高めるための活動が必要になる」とする。これが、ソニーマーケティングが取り組む『カスタマーマーケティング』の基本的な考え方だ」と語っています。

## ［図13］ LTV を指標に取り組むカスタマーマーケティング

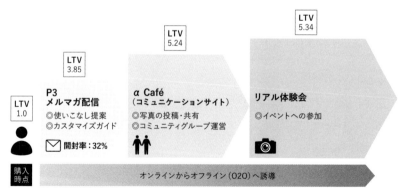

出典：ソニーマーケティング 取締役 河野 弘氏講演資料より

# 事例：フェンダー

　ニューヨーク・タイムズ紙のレポートによると、2020年、世界的にギターの売上が大きく伸張、中でもフェンダー社の売上高は、2020年12月時点で、過去最高のセールスを記録しているそうです。

　全世界に渡る新型コロナウイルスの流行によって、自宅で手軽に楽しむ趣味としてギターを手に取る人が増えたことは想像に難くありませんが、このフェンダー社の躍進には、別の理由があるようです。

　フェンダー社とギブソン社。アメリカのギターブランドを長く牽引してきたこの2社を比較して説明する必要があります。

　ギブソン社は、フェンダー社よりも半世紀近くも古くからある老舗中の老舗のブランドといえます。多くの一流アーティストも使用しており、愛好者も世界中に多く存在します。

　ところが経年に渡るギター市場の縮小により、苦戦を余儀無くされる時期が続いてきました。2012年頃からギブソン社は、オンキョー、ティアックなどの音響機器メーカーを買収するなどし、総合音楽メーカーとして、ギター以外の分野に活路を見出そうとしました。ファンを中心に、アンプやスピーカーなど、周辺機器の販売拡大を目指そうとした戦略は間違いではなかったかもしれませんが、そこはあくまでも、従来と変わらない「モノを売る」ことにこだわっていた面はあるかもしれません。業績は好転せず、2017年には、過去10年エレキギターの販売市場が3分の2に急激に縮小し赤字転落と発表、そして2018年に、多額の債務をかかえ、破産申請してしまいます。

　一方のフェンダー社も、ギター市場の縮小という点では同じ苦境にありました。しかし同社はここで、改めて顧客データに立ち返ります。分析を進めると、次のような事実が見えてきました。

①ギターユーザーの50パーセントが女性である。その女性たちは
　アコースティックギターを買う傾向にあり、しかも楽器店ではな
　くオンラインで購入している。
②フェンダー・ギターの購入者のうち、45％は初心者である。
③その初心者のうちの90％の人は、1年以内もしくは90日以内でギ
　ターをやめてしまう。
④ギターを購入した人はその4倍をレッスン料につぎ込む。レッス
　ンは、プライベートレッスンのようなリアルではなく、オンライ
　ンで受講している。
⑤初心者の中で、脱落しなかった10％の人は一生ギターを弾き続け
　る。

　CEOアンディ・ムーニー氏は、中でも③は最も衝撃的だったといいま
す。「かっこよさそうだから始めてみようか」と買ってはみるものの、い
ざ始めてみると難しい。レッスンに通うような時間もないし……と思っ
ているうちに飽きてしまい、部屋の隅でインテリアと化している、とい
うのは、冷静に考えればよくあることだとわかります。
　多くの新規顧客を維持できずにいる現実がある。市場は縮小気味でも、
これらの既存購入者層をサポートし、離脱を防ぐだけでも、業績回復は
十分可能。しかも、オンラインでのレッスンが最もユーザーに受け入れ
られる可能性があることも、顧客データ分析からわかりました。
　そこで、「挫折させない」というコンセプトのもと、同社は2017年7月、
動画でギターのレッスンを受けられるサービス「Fender Play」をリリー
スしました。月額数千円のレッスン料で、いつでもどこでも学習できる
Eラーニングサービスです。
　以降も、初心者でも直感的にチューニングができる「Fender Tune」、

弾きたい曲のコード進行が手軽にわかる「Fender Songs」というモバイルアプリケーションをリリースし、顧客とのコミュニケーションを維持する仕組みを実現しています。これらのアプリサービスも、顧客データ分析から見えてきた真のニーズでした。

　ギブソン社に対して、「体験を売る」ことで成功したフェンダー社ですが、体験を売りつつ顧客とのタッチポイントを持ち続け、さらに行動データを起点にしてサービスをブラッシュアップするという点は、グロースマーケティングが目指す姿の代表的な事例といってもよいと思います。

## ［図 14］ 行動を起点にサービスをブラッシュアップ

**顧客データを分析**
- ◎新規購入者の50％が女性
- ◎オンラインで購入が多い
- ◎初めての購入者が全体の45％
- ◎初心者のうち90％は1年以内に辞めてしまう
- ◎初心者はギター購入代の4倍レッスン代に費用をかけている

**『Fender Play』Eラーニングサービススタート**
月額数千円でお得にいつでもどこでもレッスンの受講が可能

**離脱が減り収益アップ**
- ◎オンラインでの顧客獲得
- ◎既存購入者の離脱を防いだ

# ボトムファネルが
# 重視されるマーケティング

　顧客理解を深め、ユーザーエクスペリエンス最大化を目指すには、前述の$\alpha$シリーズやフェンダー社の事例に見られるように、顧客のロイヤル化に向けた個別コミュニケーションを活性化することが重要になってきます。

　新規顧客の一連の流れを表すのに一般的に用いられるのがマーケティングファネルです。これは、顧客がプロダクト・サービスを認知するところから始まり、関心を持って購入を検討し、商品を購入するまでの段階で、数が絞り込まれていく様子を、ファネル（漏斗）に見立てて表現したものです。

　しかし、グロースハックの普及により、購入（顧客獲得）の後の工程、すなわち活性化、リピート購入、ファン化、他者への紹介といった既存顧客の働きこそがむしろ重要で、そこは逆ファネルのように拡大化していくのが理想と考えられるようになっています。この重ね合わせたファネルをダブルファネルといい、上半分をトップファネル、下半分をボトムファネルといいます（図15）。

　グロースハックとともに認知されるようになった「AARRRモデル」は、ちょうどこのダブルファネルの中心、顧客獲得を起点にして、ボトムファネルをいかに広げるかという流れを「Acquisition（新規顧客獲得） - Activation（活性化） - Retention（継続利用） - Referral（紹介） - Revenue（収益化）」の5つの要素で示したフレームワークです。

## ［図 15］ ボトムファネルが重要に

**AD**

- 認知
- 興味・関心
- 比較検討

◎Google、Facebook の 2 社で市場の 8 割を占める（AdTech はこの 2 社から）
◎新規参入が難しく、国内独自の限られたパイをキャリアと国内大手 OTT プレイヤーで分け合う構造
◎ITP2.0、GDPR・アドフラウド問題への対応が業界全体の論点

購入

**CRM**

- FTUX 向上
- ロイヤル化
- LTV／リテンション向上

◎技術進化（高速通信・クラウド化）によりビジネスしやすい状況に
◎SalesForce の浸透をきっかけに BtoB 向け SaaS ビジネスが増加
◎GAFA 出身者による「痒いところに手が届く」特化ツールが続々登場

**今後欠かすことのできない 3 要素**

| 1 | 2 | 3 |
|---|---|---|
| 顧客データの蓄積及び会員との接点 | 行動軸でのデータ分析による顧客理解 | 顧客理解に基づく個別コミュニケーション |

　これまでのマーケティング活動は、顧客獲得までのトップファネルの部分を、大手広告代理店に丸ごと依頼して実施するようなケースが大半でした。しかし今後は、ボトムファネル、つまり顧客獲得した後の振る舞いが圧倒的に重要になってきます。初めて商品を買ったり、サービスをアクティベーションし、最初に使ったりする時の体験がいかに心地よいか、という、FTUX の実現と評価が非常に重要です。

　FTUX というのはファーストタイムユーザーエクスペリエンス（First Time User Experience）の略語で、初期体験、初期定着、最初に製品を取った時の体験ということを意味しています。そこで心地よい体験をし

てもらい、継続的にクロスセル、アップセルにつなげるという意味です。

　1回目の購入体験・使用体験が心地よければ、2回目、3回目の購入につながります。そのために、継続してコミュニケーションをとり、サービスを改善し、新たなプロダクトを提供、という顧客のロイヤル化に向けた施策を打っていくということが重要です。こうすることで、リテンション、LTVを向上させます。

　ボトムファネルにおいてLTVを向上させるために大切なポイントは、

---

　① 顧客データの蓄積および会員との接点
　② 行動軸のデータ分析による顧客理解
　③ 顧客理解に基づく個別コミュニケーション

---

　といえますが、このうち②と③が今後ますます重要になってくるということです。

# デジタルマーケティング 領域の課題

## 1.新規獲得偏重のマーケティング活動

　ここまでに説明したように、グロースマーケティングでは、ボトムファネル部分の活動がより重要です。しかし、現実にはデジタルマーケ

ティングを実践している企業の中でも、新規顧客は順調に獲得できているのに、一向に収益が増えていかないというケースがよく見られます。

　こうしたデジタルマーケティングの現状をAARRRモデルを使って説明していきましょう。

　次ページの図16は、AARRRモデルをバケツに見立てて示したものです。

　本来の理想的な姿としては、蛇口をひねって新規獲得（Acquisition）した後に、獲得してそのまま休眠ではなく、利用設定をさせたり、最初のプロダクト主要機能を利用させたりというような、活性化（Activation）を実施します。

　その後に、サービスを継続利用（Retention）してもらえれば、ユーザーの定着が進み、サブスクリプションでの定額収入やオプション購入によるクロスセルなどの追加収益が望めるようになります。継続利用で顧客の体験が心地よさを増すと、友達に紹介（Referral）するという行動が生まれます。これらの一連の流れによって、自ずと収入が上がる（Revenue）、というわけです。しかし、現状では図16で示すようなケースがよくみられます。特に日本企業のデジタルマーケティングでは新規獲得に傾注するあまり、活性化以降のボトムファネルのフェーズが軽視され、施策が行われていないことが多々あります。

## ［図16］ デジタルマーケティングの陥りがちな罠

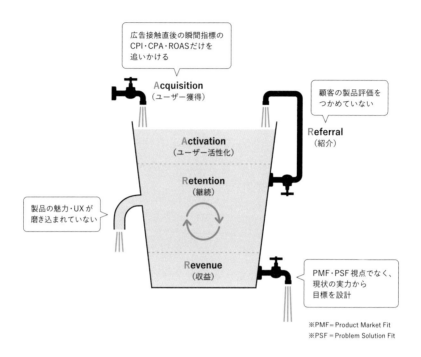

広告接触直後の瞬間指標の
CPI・CPA・ROASだけを
追いかける

Acquisition
（ユーザー獲得）

顧客の製品評価を
つかめていない

Referral
（紹介）

Activation
（ユーザー活性化）

Retention
（継続）

製品の魅力・UXが
磨き込まれていない

Revenue
（収益）

PMF・PSF視点でなく、
現状の実力から
目標を設計

※PMF＝Product Market Fit
※PSF＝Problem Solution Fit

　このAARRRモデルのサイクルを回すことが重要だということは、以前から叫ばれていることですが、それでもこれらのサイクルが機能せず個々に分断されているケースが多いのが実情です。

　先程のトップファネルとボトムファネルとで、担当している部門が違っていることも要因のひとつです。よくあるケースとしては、広告予算は立てているから広告はどんどん打つけれども、その後のユーザー体験を損ねる問題点（サイトの作りや、サービス機能など）を解決しないままで、いくら新規顧客を獲得しても、そのままどんどん離脱し続けている、という状況もあります。

　したがって、部分的な改善ではなく、組織全体、プロダクト・サービス全体で何が問題なのかをしっかり状態把握する必要があるのです。

# 2.大規模システム導入による呪縛・課題

　第1章で、グロースマーケティング実現のために、データの民主化や
シームレスなデータ連携が行える環境整備、組織変革が重要だとお話し
しました。すでにデータの分析基盤やマーテックのツールを導入してい
る企業は多いでしょう。導入済みのシステムでデータの民主化を実現す
るために抜本的な改革を進めていくことは、それほど簡単なことではあ
りません。いくつもの課題があり、これらを紐解いて解決していくこと
が重要です。特に大きな組織、パッケージ型の大規模システムを利用し
ている場合は、改革はより困難です。

　よくある課題は以下のようなものです。

## ⓐ 高いイニシャルコスト。途中で変更しづらい

　大手が提供する大規模なパッケージシステムを導入する際によくある
のは、初期投資が非常に高額になるということです。数億円などの出費
はざらにあります。そして、1回全社で導入してしまうと、ルールもシ
ステムに統一されるため、途中で変更することが困難になります。
「はじめに」でも述べたように、マーケティングの新しいテクノロジー
を提供する世界各国の様々なスタートアップ企業がどんどん登場してお
り、それぞれの得意分野を組み合わせることで最高のパフォーマンスを
実現することが可能になってきています。大規模なパッケージシステム
を導入したことで、そうした新興のソリューションの良さがわかってい
るにもかかわらず、導入できず手をこまねいているという現象がよく起
こります。

## ⓑ 高額な使用料にもかかわらず使いこなせない

① ツール契約先の企業内IT・情報システム部門と事業主管部門の距離が遠い

　こうしたツールはIT・情報システム部門と契約することになります。

IT・情報システム部門は社内では比較的専門的なチームで、サービス事業部など事業主管部門との距離が遠く、IT・情報システム部門はそこに近寄れない、相手にしてもらえない、ということがよく起こります。

## ② 事業主管部門が多忙で稼働が確保できない

　事業主管部門の社員は基本的に多忙です。新商品企画、マーケティング、プロモーションと、多岐にわたる業務を受け持っており、CRMに腰を据えて向き合うことが難しいという状況があります。

## ③ 業務委託先スタッフがキャッチアップできない

　特に大企業では、部門のチームは社員だけではなくて、協力会社や委託先などからの人材を、常駐型で勤務させていたりします。ツールの実務的な運用は、こうした社員以外の人が担うことが少なくありません。そういう時、その派遣されている人は、契約した内容に基づいて淡々とやるというスタイルが基本なので、こうした新しいツールを導入した時に、技量が足りずキャッチアップができない、ということが起きます。

## ④使われないことで投資対効果が低下

　これまで述べてきたような理由もあり、大規模な投資をしたにもかかわらず使いこなすことができない。結果的に投資対効果が出せないというケースも多く見受けられます。

## ⓒ 経営層の理解不足

### ① ITリテラシーの高くない経営層

　これは日本全体の課題といってもよいかもしれません。多くの経営者が、デジタルに関するリテラシーが高いとはいえず、新しい技術やソリューションが目の前にあっても、その良さを理解できず、導入し組織を変革していく号令を出せません。そういう状態では、局所最適の部分

改善しかできず、抜本的な組織変革が難しくなります。

② 実務は部分改善するものの、売上利益等の成果へのつながりを説明し
　 づらい

「メールの配信の仕方を変えました」などという実務的な部分改善はす
るものの、売上や利益という、本来目指すべき成果に結び付いたモニタ
リングを行わないため、「結局やったことに意味があった？」というよう
なことが起こります。

# 3.データドリブンマーケティングを牽引できる 存在が求められている

「はじめに」で、新規顧客獲得で満足するのではなく、獲得した顧客を
定着、ロイヤルカスタマー化していくために、顧客へのエンゲージメン
トをいかに高めるかが重要というお話をしました。

　一方で、スマートフォンの普及により、顧客の多様性はますます加速
しています。そういう世界では、これまでの部門最適な考え方、部分定
量的な考え方では、顧客に寄り添った十分な分析は難しいといえます。
データドリブンを牽引する存在が組織に必要になってくるということで
す。

　サービスを「マーケティング」「プロダクト設計」「オペレーション」と
いう軸で考えた時、「マーケティング」では新規顧客からロイヤルカスタ
マーの育成へ、「プロダクト設計」では機能重視からカスタマーエクスペ
リエンス重視へ、「オペレーション」ではマニュアル化からオートメー
ション化へとニーズがシフトしていきます。こうした概念を理解し、か
つデータドリブンでそれを実現する仕組みを構築できる人材になってい
かなければなりません。このためには、組織に根付く勘と経験を重視す
る文化や前例踏襲の風潮を打破していく必要があります。

施策を立案する前にはデータを分析し、データに基づいた仮説を立てる。施策を実施する際は、目標を数値で設定する。施策実施後は必ず結果を数値で把握し、仮説との差分を確認する。

こうしたデータドリブンな活動プロセスを自分の業務、自分の部門だけでなく組織を超えて根付かせていくことが重要です。

[図17] ミッションの変化

# カスタマーサポートから
# カスタマーサクセスへ

製品と顧客との関係は、旧来の「カスタマーサポート」から「カスタマーサクセス」へと変質してきています。特にSaaSなどサブスクリプ

ション型のサービスで収益を伸ばしていくためには、この概念の違い、カスタマーサクセスの意味合いを的確につかんでおく必要があります。

　カスタマーサポートとカスタマーサクセスの概念の違いを、いくつかの観点別に整理しているものが図18です。

　カスタマーサポートというのは、コールセンターを通じて電話でのやりとりを行うことで、最低限のフォローアップをするというのが主目的でした。いわばコストセンターであったといえます。一方、カスタマーサクセスは、この活動自体でチャーン（解約）が抑止され、クロスセル、アップセルにつながるという意味では、収益ドライバーであるといえます。

　また、カスタマーサポートは、来たものに対して受け応えるのが基本、つまりリアクティブであるのに対して、カスタマーサクセスはプロアクティブ（事前対策）だといえます。アメリカではアナログ、デジタルに関係なくこの「プロアクティブ」という言葉が非常に今注目されています。

　指標については、カスタマーサクセスでは効率だけではなくクライアントにもたらした成果も評価していくことになるでしょう。

　サービスの価値をもたらす行動（モデル）に関しては、カスタマーサポートでは「懇切丁寧な対応をしてくれた」というような属人的ノウハウが評価の対象だったものが、カスタマーサクセスでは「データドリブン」そのものがその役割を担うことになります。

　さらに、ゴールについては、要望に対して「スピーディー」「待たせない」という即応性が重要なカスタマーサポートに対して、カスタマーサクセスは「予測性」「先回り」という観点が重視されます。

　そして業務について。ここが決定的に違う部分です。カスタマーサポートの力点が購入者に対してしっかりサポートしてあげるというアフターケアに置かれているのに対し、カスタマーサクセスは、「購入者に対

してしっかり使ってもらうための、顧客との向き合い」が業務のメインとなります。この2つは意味合いが全く異なります。顧客が購入した瞬間がゴールで、その後の顧客満足のためにフォローしていくということをミッションとするカスタマーサポートに対して、カスタマーサクセスではその後の成功・成果を生み出すということをミッションにしているのです。そしてカスタマーサクセス担当はユーザーの継続利用、アップセル・クロスセルという2つの分野で成果を上げていくことになります。

[図18] **カスタマーサポートからカスタマーサクセスへ**

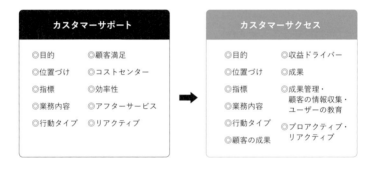

# マーケティング部門の役割の変化

## マーケティング組織はデジタル化で
## 横断機能の担い手へ

　従来のVCM（Value Chain Management）の考え方に基づく組織は、「購買物流」「製造」「出荷物流」「サービス」といった主活動各々の業務役

割を担う部門が独立し、それぞれが密接に連携することによって統合的に価値を生み出すという考え方が主流でした。マーケティング部門はその一つの工程として存在しており、例えば人事労務管理部門のような、全工程に影響する役割とはみなされていませんでした。

[図19] マーケティング部門と業務スタイルの変化

しかし、デジタル化が進み、データドリブンの世界になってくると、マーケティング機能は前述の各工程に影響を与え、顧客視点で描く機能を最適化するための機能を果たしていく必要が出てきています。そしてそれらは分担されることなく、サービスを俯瞰する、一貫したものでなければなりません。海外でCMO（Chief Marketing Officer）が重要視される理由はそこにあります。

## 民主化を阻む日本の現状

図20は某社の会員サービスの実行体制ですが、マーケティング、プロモーション担当とサービス運営担当、データ分析担当とIT部門担当、というように、部門がありさらにそれぞれの部門に課長、主任、担当者、業務委託社員などがいて、複雑な組織になっています。これでは、何をやるにも時間がかかり、調整・仲介が必要になります。「調整・仲介」は、作業の無駄の最たるものだと思います。

また、業務工程も、戦略立案から実行までに、多くの人が関わり、その間にも調整・やりとりが発生します。とにかく時間がかかります。

多くの日本企業では、こうした部門間での調整や協力体制に時間がかかっている現状があります。したがって、優れたツールを導入するのとは別に、これら組織形態をいかに変革していくかも大きな課題といえます。

建前はわかっていてもなかなか実現できない阻害要因としては以下のようなものがあります。

### ❶ リテラシーの不足

最大のポイントは、日本の経営層にデジタルの判断ができる人間が非常に少ないことがあります。

## ［図20］ 会員サービスの実行体制例

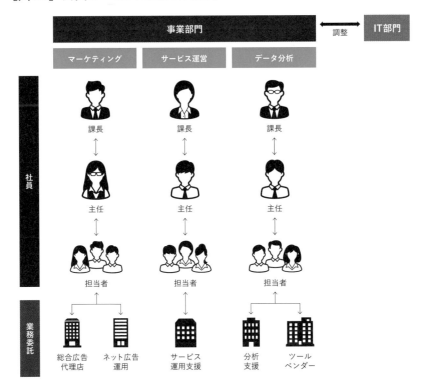

### ❷ 数字で見ない

　経験と勘で語ることが多く、数字で見ようとしない、数字で見るリテラシーが低い、というのも問題点です。

### ❸ 丸投げ文化

　マーケティングときくと、日本の多くの企業が、すぐに「コンペにしよう」と、大手広告代理店に話を持ちかけ、代理店の提案するパッケージで「広告プラン」を実施する、という仕事をイメージします。

すなわち、外部委託前提で動くということです。これでは一向にデジタルの理解も、マーケティングの理解も、ひいては顧客の理解も進みません。

　ウォルマート、ナイキ、P&Gなど、アメリカの企業では、データ処理から上記のような代理店の業務までを行う部門・人材を、社内に確保しているのが主流となっています。これをインハウスといいますが、アメリカでは、2018年にANA（Association of National Advertisers：全米広告主協会）の調査対象マーケターの78％が、社内にインハウスエージェンシーがあると答えた、というデータがあります。

　組織の中にCMOがいて、マーケティング戦略は自社自身でデザインしていくのが、海外では当たり前になりつつあります。逆に、日本企業の実感としては、技術者、ITエンジニアに限っていえば、ほぼ7割が外部のデータ業者に委託しているといっていいのではないかと思います。本来はプランニング、クリエイティブ、プロモーションも含めた活動を社内でやりきる体制がある方が望ましいと考えます。

　これを実現するには、トップ方針としてインハウス実施を宣言することが不可欠だと思います。同時に優秀なCMOのアサインも必要でしょう。トップが決断して初めて、そういうデジタル人材、マーケティング人材を正規社員として社内採用できる流れが生まれるのだと思います。

　このように、インハウスの推進についてはまだまだ遅れている日本ですが、いくつか成功事例は出始めてきていて、人材の流動もここ最近起き始めてはいます。日本の人材がアメリカに比べて劣っているということはなく、優秀な人材も多数いると感じます。ただ、残念ながら、現在、それらの人材がインハウスで能力に見合ったパフォーマンスを発揮できる環境にあるかというと、疑問符がつくと感じています。

　ここは日本企業のトップ層を中心に、意識の変化を待ちたいところです。

# 第 3 章

# グロースマーケティングの3つの軸

## 行動を知り、正しい指標をもとに、高速で施策を回す

# GROWTH MARKETING

# 行動理解(Behavioral Analytics)

本章では、具体的なグロースマーケティングの手法について、3つの軸である「行動理解」「高速で施策を繰り返す」「的確な目標・指標設計」に沿って見ていきたいと思います。最初は行動理解です。

[図3] グロースマーケティングの3つの軸（再掲）

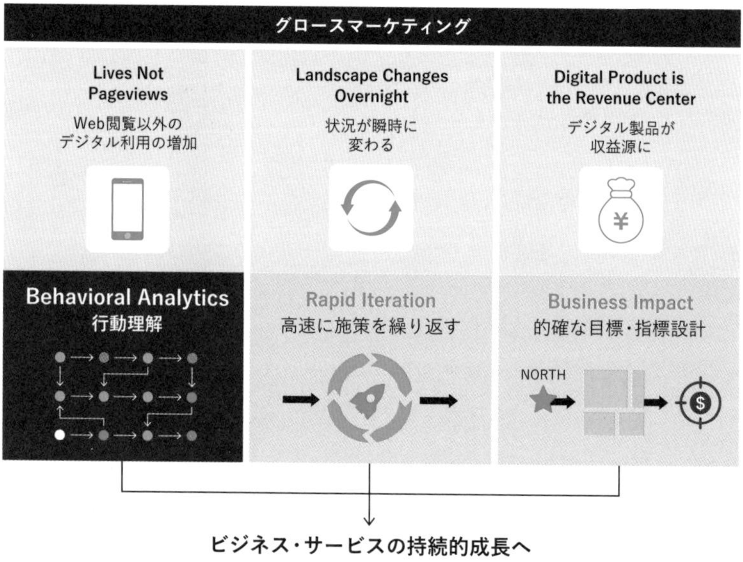

## 顧客行動を理解する目的

まず、何のために顧客行動を理解する必要があるのかを知るにあたり、顧客が商品と出会い、購買し継続使用するファンになるまでの過程を確認しましょう。

図21は先ほどもご説明したダブルファネルの図です。

[図21] ダブルファネル

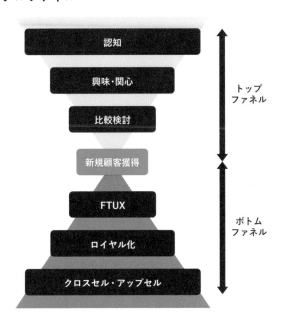

　中央の新規顧客獲得より上のプロセスがトップファネル、下がボトル
ファネルを表しています。トップファネルは下、つまり新規顧客獲得に
向かうに従ってしぼんでいきますが、下段のボトムファネルは、新規顧
客獲得後、FTUX、ロイヤル化を経てクロスセル・アップセルにより
LTVが向上することで広がっていくのが理想です。

　トップファネルはある程度しぼんでいくのは仕方がありませんが、ど
こかの段階で急激にユーザー数が減るような「いびつなすぼみ」は回避
する必要があります。例えばECサイトであれば、まずWebサイトへ訪
問し、商品ページを閲覧します。気に入った商品があればカートに投入
し、会員登録を行って、購入を行うという流れになるのが一般的です。
ここで、「カートには投入したけれども、会員登録をするポイントで人数
がガクンと減る」という現象が起こることがあります。こうした「いび
つなすぼみ」を極力なくし、右の図のようなきれいなすぼみの状態にす

ることが理想ということです。

## ［図22］大きな凹みをなくす

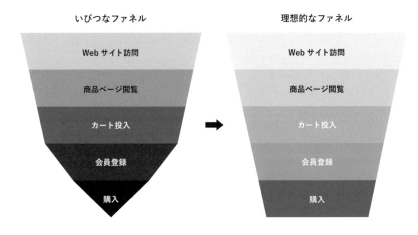

## ファネルの「いびつなすぼみ」を改善し、美しいファネルを実現することが行動理解の目的です。では、行動理解ができると何ができるようになるのか、5つのキーワードでご紹介します。

① 行動ターゲティング(Target Engagement)
　ターゲティングを適切に行うことにより、狙ったターゲットに正しくエンゲージメントをできるようになることを目指します。

② コンバージョン最適化（Optimize Conversion）
　購買、成約ポイントを最適化する。ECサイトで、買おうかなと思った時に、決済完了に到達するまでの導線が心地よくないと、そこで、「面倒くさい」と購買を中止してしまうことがあります。ここを最適化し離脱を防ぐということです。

### ③ 獲得プロモーションの改善（Improve Acquisition ROI）

獲得のROIを改良する。すなわち、新規の獲得効率を上げます。

### ④ サービス戦略立案（Set Product Strategy）

前提条件として、そもそも製品やサービスに魅力がないと、ファネルの入り口を最大化することはできません。そのため、ユーザーの製品に対する評価をきちんとキャッチしなければなりません。

顧客理解により把握したユーザーの評価をもとに、製品・サービス改良の戦略立案を行います。

### ⑤ リテンション最大化&LTV（Increase Retention&LTV）

リテンションとLTVを増加させる。ボトムファネルにおいてユーザーのロイヤル化、クロスセル・アップセルがうまく進んでいない場合に、できる限り長く、何回も購入してもらうところを目指すということです。

これらを実現し、ファネルのいびつなすぼみを解消するために、グロースマーケティングではまず顧客理解を行うことから始めるのです。

## ファネルに「いびつなすぼみ」を生み出す原因

ファネルに「いびつなすぼみ」を生み出す原因として、現状では次のような課題がよく見られます。

### ❶ トップファネルにおける原因

#### a.正しい広告配信がなされていない

ネット広告配信で最も一般的な「デモグラフィックターゲティング」は、正しい行動理解をする上では大きな問題をはらみます。

例えばGoogleやFacebookに広告を配信する場合、基本的には「年齢」「地域」「職業」というようなデモグラフィック項目でセグメントし指定配信していることが多いと思います。化粧品で例えると、「30代女性ならこういう商品」「10代ならこれぐらいの価格帯」という風に商品仕様やラインナップを計画するでしょう。こうしてセグメントしたそれぞれの層に合わせて、配信をしていくということです。

　この方法では、すべての顧客の真の行動を追えているわけではないので、訴求が限定的になり、顧客を取り逃がしてしまう可能性があります。

　例えば『キングダム』という漫画は、別に10代男性が熱狂してもいいし、60代女性が熱狂してもいいわけです。それを「20代、30代、40代男性あたりが読む漫画」と限定的に考えてしまうと、そこにあてはまらない多数の顧客が見えなくなってしまいます。

　属性で枠をはめてしまうのではなく、すべての購入者のコンバージョン後の行動を知る、というのが行動起点の真骨頂といえます。


　さらにいうと、この行動起点での考え方は、施策の是非を評価する際にも重要です。

　例えば、ある映像配信のサブスクリプションサービスの新規顧客を獲得するための広告配信を行う時、Aという広告はCPA1,000円、Bという広告はCPA1,500円だったとしましょう。Aは100万円を広告出稿して1,000人獲得できますが、Bは150万円を出稿して1,000人獲得できるということになります。ROIを比較する際に、単純にここでAの方が優れているかというと、そうとはいい切れません。

　評価すべきなのは獲得した瞬間の単価ではなく、その顧客が、サブスクリプションサービスを利用する過程でどう振る舞うか、です。継続して映像を視聴し続けているか、積極的にレビューを投稿して友だちに紹介する人か、あるいは、1本だけ観て2度と利用していない人か。もちろん、サービスを継続利用し、さらに友だちに紹介してくれるような人を

獲得したいはずです。

　これはすなわちLTV重視といえます。広告はLTVが最大化するべきところに出稿すべきです。リテンションの視点でみると、A広告からの利用者は3カ月でチャーンしてしまうユーザーが多いのに対して、B広告からの利用者は、3カ月後の継続利用が多い、という結果が見えれば、B広告の方を選ぶべきだということがわかります。

　このように、広告配信においては、新規獲得数だけ見るのではなくて、LTVを増やす行動があるかどうかというような、もっと深いところまで分析し、その是非を結論づけるべきだということです。全量データによる行動分析をすることで、それが可能になります。

## b.コンバージョンに至る動線に問題がある

「決済ボタンが見つけにくい」「IDを何回も聞いてくる」「聞き覚えのないアクションを求められる」「パスワードが何種類もある」など、コンバージョンに至る動線が複雑で顧客をイライラさせる、というのはよくあることです。洗練されたサービスは、できる限りここが簡略化されていて、利用していても心地いいものです。

　例えば、ある音楽配信サービスで、最初にトップページに来た人が100万人、その後に曲をサーチした人が30万人、さらに曲を購入した人が10万人だったとすると、「30万人検索した人のうち10万人しか購入しておらず、残り20万人の人は購入しなかったことになります。これはサービスの購入導線に何か問題があるのでは？」という仮説が持ち上がります。こうしたボトルネックポイントを一つひとつ発掘して、改善策を打つべきです。

　もちろんこれまでもこうしたファネル分析はありましたが、全量データをもとにした行動ポイントで細かく捕捉して仮説を見つけることが大切です。

## ❷ ボトムファネルにおける原因

### a.FTUXを最大化するためのアハモーメントが欠如している

　あるサービスに興味を持って購入したり、会員登録したりしても、実際使ってみると思ったものと違った、使い勝手が悪い、好きなコンテンツがない、などの理由で、使わなくなってしまうことが多いものです。これが、初期における離脱の大きな原因のひとつです。こうした離脱を防ぐためには、1回目の体験（FTUX）がどれだけ心地よく提供できるかが重要です。

　FTUXを最大化するために重要な概念としてアハモーメントを紹介しましょう。アハモーメントとは、製品・サービスに対して、ユーザーがその価値を最大限に感じた瞬間・ポイントのことをいいます。「アハ」とは感嘆詞ですから、アハモーメントとは製品・サービスの利用を通じて感動を体験し、製品・サービスを好きになるターニングポイントといえます。今までできなかったことができる、購入前の期待を超えた体験ができる、等のポイントがユーザーに感動の体験をもたらします。

　逆に、初回のサービス利用時にアハモーメントを届けられないとリテンションがされにくくなります。そのため、どういう行動がキーになってユーザーにアハモーメントが訪れているか、を行動分析で的確に押さえることが大切になってきます。

### b.熱狂的なファンに依存しすぎている

　熱狂的なファン、ロイヤルカスタマーの存在とそれを大切にすることはもちろん大事ですが、度を過ぎて、彼らに売上が偏ってしまうと、サービスとしては非常に危険な状態といえます。できる限りそのたくさんのアハモーメントをつくり、多くのポイントで熱狂が起こり、広がるようにしていかなければ、前述の「フラスコ」のように、ユーザーに広がりが持てません。これも、行動ポイントをチェックすることで見つけていく

ことができます。

### c.継続しない。タッチポイントが画一的

「北欧、暮らしの道具店」というECがあります。ここでは北欧の生活を
イメージしたデザインに特化した家具、食器、雑貨などを販売しており、
この世界観に惹かれるファンに強く支持されています。彼らのサービス
は、製品そのものを売るというよりも、ライフスタイルを提案してユー
ザーとコミュニケーションすること、といえます。したがってキャン
ペーンなども、単なる時限的なクーポン配布などとは違い、コミュニ
ケーションとして成立するものになっています。これによってますます
エンゲージメントを高めるスパイラルを生み出すことに成功している事
例といえるでしょう。

「値引き」「ポイント10倍セール」などのようにタッチポイントが販促
に寄りすぎてしまうと、購買行動も販促活動も著しく画一的になってし
まいます。提供側もセールがある時しか知らせませんし、ユーザーも
セールしている時しか来訪しないという状況を生みます。これではコ
ミュニケーションが醸成されるとはいえません。

そうではなく、販促施策によらない、コミュニケーション重視のタッ
チポイントをつくっていき、そこにユーザーとブランドとの間のエン
ゲージメントを見出す意識を持つことが大切です。

## マジックナンバー

ここまで説明してきた課題を行動分析により解決し、FTUXでアハ
モーメントを生み出して、ユーザーのリテンションを高めていくことが
重要です。

ユーザーのリテンションを高めるための概念として、「マジックナン

バー」があります。マジックナンバーとは、「ユーザーが特定のアクショ
ンを規定回数以上行うとサービスの継続率や収益などの重要指標が飛躍
的に向上する数字」のことを指します。つまり、マジックナンバーを目
指してプロダクトの改善や施策の実施を行えば、ユーザーにアハモーメ
ントを提供してリテンションを高めることができるのです。

　非常に有名なマジックナンバーの例をご紹介します。

　Facebookでは、「10日間に7人と友達になる」とユーザーの継続率が飛
躍的に上がることを見出しました。これがマジックナンバーであり、同
社はこれをKPI（Key Performance Indicator　重要事業評価指標）に設定
して施策をデザインしました。
　同様にTwitterは、「初日に5人以上のユーザーをフォローすること」が
継続率に寄与することを発見し、新規ユーザーがアクティベートすると、
まず「フォロワーを増やすこと」を提案しています。

　現在では、様々なツールを使った行動分析結果から、自社製品・サー
ビスのマジックナンバーを発見することができるようになりました。マ
ジックナンバー発見の流れをご説明しましょう。

　図23は、当社が扱っている行動分析ツール「Amplitude（アンプリ
チュード）」を使い、ある定額音楽配信サービスで、継続して利用してい
るユーザーに見られる特徴的な行動イベントを分析した画面の一部を切
り取ったものです。数字は、各行動イベントと、ユーザーの継続利用と
の相関関係を数値で表しています。数値が1に近いほど相関が強い、つ
まりユーザーの継続に影響のある行動イベントであるといえます。

　こちらを見ると、「コミュニティに参加する」「お気に入り登録する」

## [図23] マジックナンバー分析

| イベント名 | 1日 | 2日 | 3日 | 4日 | 5日 | 6日 | 7日 |
|---|---|---|---|---|---|---|---|
| コミュニティに参加する | 0.45 | 0.46 | 0.46 | 0.46 | 0.47 | 0.47 | 0.47 |
| お気に入りに登録する | 0.42 | 0.43 | 0.44 | 0.45 | 0.45 | 0.46 | 0.46 |
| 曲を再生する | 0.41 | 0.42 | 0.43 | 0.44 | 0.45 | 0.45 | 0.46 |

「曲を再生する」といった行動イベントがユーザーの継続利用に影響していることがわかります。さらにここから、「何回その行動イベントを行うと最も継続率が高くなるか」を見つけることができます。それがマジックナンバーになります。

　ではここで、先ほど見つけた「コミュニティに参加する」「お気に入り登録する」「曲を再生する」といった行動イベントがどの程度継続率に影響しているかを検証してみましょう。

　図24は、契約してからの継続率を日次で追跡したグラフを示しています。このグラフをリテンションカーブと呼びます。

## [図24] リテンション分析例①

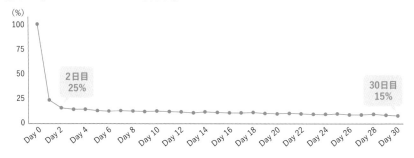

リテンションカーブを分析すると、初日は契約した人すべてがサービスを使っていますので、継続率は100％です。2日目に続けて起動した人は25％、3日目は20％と、だんだん継続率が下がり、離脱しています。そして、3日目以降は継続率がほぼ横ばいになっています。30日後には約15％になっていることがわかります。

　このリテンションカーブは全ユーザーの平均値ですので、ここから、特定の行動を行ったユーザーのリテンションを抽出します。

　例えば、1回でも曲を再生したユーザーのリテンションカーブを見てみると、グラフが全体的に上方向に移動しているのがおわかりいただけると思います（図25）。グラフが上方向に移動するということは、継続率が上がっているということです。

**［図25］ リテンション分析例②**

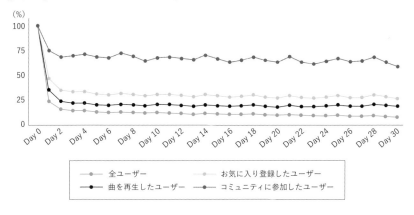

　また、「お気に入り登録」をした人は、より継続率がよくなります。さらにある特定のアーティストなどの「コミュニティに参加する」と、継続率はもっと改善します。単純に曲を再生するという瞬間利用から、継続的によく聞く、さらにはそのコンテンツのファンとコミュニケーショ

ンするというエンゲージメントにまで到達できれば、利用する目的、動機も広がり、継続率が良くなることがわかります。

　先ほどマジックナンバーの分析で見つけた行動イベントが継続率に良い影響をもたらしていることが、これで証明できました。このようにマジックナンバー分析を繰り返し、そこから良い影響をもたらす行動イベントを抽出し、いかにしてこの行動を増やすかという観点で施策を打っていくのです。

## 知るだけにとどまらない

　本節の最後に、顧客分析フェーズの流れと機能をまとめてみます。
　顧客行動を分析したら、分析結果を施策に活用し、ビジネス効果を創出することが大切です。言い換えると、「知る」にとどまらず、「打つ」「企てる」までを見据えることです。

**[図26] 知るだけにとどまらない**

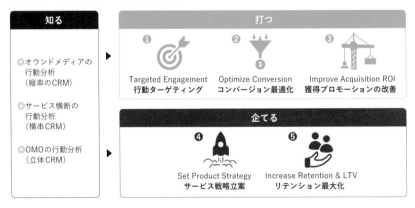

## ❶ 知る

まず「知る」というフェーズにおいては、縦串CRM、横串CRM、立体CRMという整理を用いています。

### a. 縦串CRM

大規模な会員基盤、ユーザーサービス、プロダクト等を持つA社という大企業があったとして、まず1つの特定プロダクト群についての行動体験の中でどういうことが起きているのかを知るというのが縦串CRMです。いわば1つのプロダクトであり、従来からある1つのサイロともいえますが、1プロダクトでの行動ストーリーは該当事業部としては今後もきちんと押さえる必要があります。

### b. 横串CRM

複数のプロダクト群、例えば家庭用生活用品を扱う企業であれば、シャンプー、化粧品、おむつなどのラインナップがある時に、この会社のブランドにそのユーザーがどのようにエンゲージしてくれているのかというのをちゃんと把握していくということです。

### c. 立体CRM

さらに、この企業ブランドがECサイトを運営しているような場合、ECでの行動とお店での行動がどう関連しているのかというのを、立体的にOMOで知るということです。

## ❷ 打つ

グロースマーケティングでは、さらに、「打つ」つまり、可視化で終わらずに、アクションにつなげるところがポイントになります。

## a. 行動ターゲティング

　行動分析から顧客の特性を知った後に、従来のアナリティクスツールでは、それを実際に使うところまでのターゲティングまで連動していないことが普通でした。ここで行動ターゲティングというのは、分析で探り出しターゲティングしたユーザー群をそのまま取り出し、その次の施策に使用していくところまで使うことができる、という意味です。例えば動画配信サービスで「『ワンピース』を1回でも視聴した人」などという行動指定でユーザーの集団を取り出し、その人に向けてアプリプッシュを行います。

## b. コンバージョン最適化

　行動分析をすることによって、アプリやサイトの不便な動線が明確になります。「アクセスしてカートに入れたものの、買わずに離脱した」だとか、「申し込み動線が面倒くさい」といったボトルネック、脱落ポイントがこの行動分析で見えてくるわけです。

## c. 獲得プロモーションの改善

　GoogleやFacebookで広告を打つ際、あるサービスのコンバージョンを会員登録に定めたとして、Google広告だと1会員獲得単価が1,500円でした。Facebook広告だと1,000円でした。となりますが、前述のように、その金額だけで真の効果を評価することは正しくありません。LTVの観点で、そのユーザーが今後どれくらい繰り返し買い物をしてくれる人なのか、あるいはライバル店に目移りしやすい人なのか、などを見極めて、LTVの最大化を見据えた上で最適な広告配信をしていくことが大切です。行動ベースで追跡することによって、正しい指標で広告を運用することができます。

## ❸ 企てる

「知る」で得た示唆をすぐに施策に反映する「打つ」以外に、中長期の目線で戦略に反映していくという活用方法もあります。

### a.サービス戦略立案

　行動を追うことで、ユーザーが複数のサービスをどう利用し、それが継続につながっていくのか、サービス利用の流れはどうか、というものが見えてくるので、それをもとに今後の商品プロダクト戦略を立案することもできます。これまではアンケートなどで確認していた、提供者目線の意見聴取では見えてこない、真のユーザー利用実態が数値で見えてきます。

### b.リテンション最大化

　戦略立案チームは行動ベースで起きていることを把握しなければなりません。例えば、あるBというサービスが売上としてはわずかな額で、数字だけみれば整理の対象と考えるようなものであっても、そのサービスが他の主要サービスのリテンションへのきっかけとなっており、主要サービスのリテンションを通じて収益にも大いに寄与していることがデータでわかれば、そのBサービスは継続し、また拡大すべきサービスであるということもあるでしょう。

　このように、どのサービス、どういう打ち手、どのコンテンツがその後のビジネスにおいてどう寄与したのかというところは、知りたいとは思えど調査の難易度が高く、企業側も追跡をこれまで放棄していた部分でもあります。

# 高速で施策を繰り返す（Rapid Iteration）

## グロースエンジン

続いて、グロースマーケティングの3つの軸、2つ目の「高速で施策を繰り返す」についてご説明しましょう。

[図3] グロースマーケティングの3つの軸（再掲）

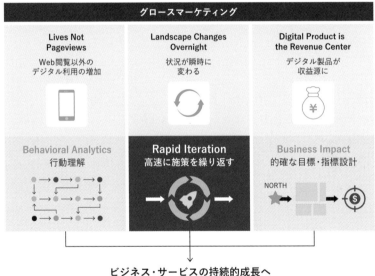

顧客が理解できたら、その後はスムーズに改善、最適化の手を打ち、その結果、製品の質がブラッシュアップされ、ユーザーにとって心地よく、よりよい製品体験ができるようになり、ファンになってもらう、というステップになります。

この改善・最適化のステップで、今後主流になるのが「グロースエンジン」という考え方です。

[図27] グロースエンジン

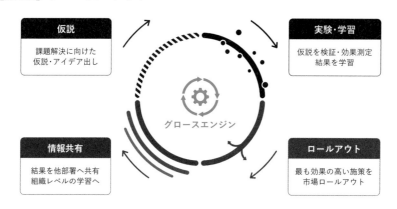

　第1章でもご紹介したように、Netflix、P&G、Amazon、Googleといった、愛用者が多くて顧客満足度が高いサービスを提供している先進的な会社は、サービスやプロダクトを世の中に出し、その結果をフィードバックし、改善するという一連のサイクル（学習）を、年間1,000回レベルで繰り返しています。例えばアプリプッシュの情報配信の仕方1つをみても、ものすごい学習回数を重ねています。

　そこでは、完璧な状態になってサービスを投下、というようなところにあまりこだわりません。いったん7割ぐらいで市場に出してみて、まずはそれが市場性があるかどうか見てみる。観察の結果見えた課題に対して必要な改善策を打ち、うまくいけば導入する、そしてさらに改善する、こういうサイクルを回すというのがこのグロースエンジンです。この考え方に基づいて実践していくことが大切です。

# VUCAの時代

　グロースエンジンは高速に回すことが重要です。では、なぜ高速で施策を繰り返すことが必要なのでしょうか。それは、現在のビジネス環境の変化が非常に早くなっているためです。

　ほんの少し昔、インターネットが普及し、利用者が1億ユーザーに達するまでに8年間〜10年間かかった時代がありました。それが今や「ポケモンGOが1億ユーザーを達成するのに8日間」というような状況です。この進化、実感できるでしょうか？　わずかの間に、世界の、特にデジタル業界の進化のスピードは、人知を超えて上がっています。

　こうした環境をVUCA（ブーカ）と呼びます。変動的（Volatility）、不確実（Uncertainty）、複雑（Complexity）、曖昧（Ambiguity）の頭文字をつなげた言葉です。VUCAの時代を生き抜くためには、環境変化に負けないスピードが必要であることは自明でしょう。

# PDCAからOODAループへ

　VUCAの時代に対応してグロースエンジンを高速に回そうとする際、従来のPDCA（Plan・Do・Check・Action）のサイクルが適用できない場面があります。環境変化のスピードは早く、サービスも改善のスピードをあげていかないと顧客のニーズを満たし続けることができません。

　これまでの「開発は年に4回」といった学習回数レベルであれば「Plan・Do・Check・Action」でも対応可能でしたが、年間1,000回の施策を繰り返し実行するのに、PDCAの時間経過感覚では無理がありますし、それでは今の市場環境変化のスピードにはついていけません。

　こうしたグロースマーケティングの時代に適した思考・意思決定プロセスが「OODAループ（ウーダループ）」です。

　「OODA」はもともと、アメリカ空軍大佐ジョン・ボイドが1987年に軍

事戦略立案のために考案した手法で、意思決定と行動をすばやく行うことで事象の主導権を握ることを意図しており、戦闘以外の様々な分野でも応用できる意思決定モデルとして応用されています。

　OODAループでは、次のようなプロセスを高速で回していきます。

---

Observe（観察）
Orient（情勢判断）
Decide（意思決定）
Act（行動）

---

　簡単にいうと、「真っ先に観察し」「方向、兆しをつかみ」「方向づけを決めて」「行動する」というループです。

## ［図28］PDCAとOODAループ

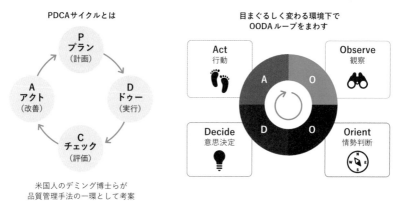

PDCAサイクルとは

P
プラン
（計画）

D
ドゥー
（実行）

C
チェック
（評価）

A
アクト
（改善）

米国人のデミング博士らが
品質管理手法の一環として考案

目まぐるしく変わる環境下で
OODAループをまわす

Act
行動

Observe
観察

Decide
意思決定

Orient
情勢判断

# ベストパフォーマンスを選択できる
# Best of Breed
## グロースエンジンに最適なBest of Breed

　OODAループのプロセスでグロースエンジンを回していく際、様々なマーテックソリューションを活用していくことが必須になります。マーテックソリューションの選定方法として、昨今アメリカで主流になりつつあるのが、「Best of Breed」です。「最適な組み合わせ」という意味で、「データコレクション」「アトリビューション」「A/Bテスト」「BI」「ユーザー獲得」「プッシュ通知」など、それぞれの機能を持つ異なるクラウドソリューションについて、数多くのベンダーから自社のベストなサービスを選んで組み合わせ、エコシステムを構築する、という方法です。

　現在、スタートアップ企業も含め、世界中のIT企業が、局所的ではあるが高機能で「かゆいところに手が届く」サービスを提供しています。その数は無数です。これらの企業は大手ベンダーに比べると認知度、包括力は劣るかもしれませんが、限られた領域、限られたプロセスではかなり磨き込まれた機能を提供するところもあり、かつその機能も日々刻々と進化・改善されています。オンプレミスからクラウド時代になると、最新・最高の機能をつないで使用するという発想が必要となるのは自明の理です。

　また、現在のベストな選択が未来永劫ベストであるとは限りません。今までいちばん優れていたサービスでも、「最近はこっちの方がイケてるよね」ということは頻繁に起こります。Best of Breedの場合、時代の変化でより良い選択肢が見つかった場合には、ストレスなく連携先を切り替えることも可能です。

年に1,000回規模もの施策を投入し、グロースエンジンを実現しているグロースマーケティング最先端企業に対して、日本企業が従来行ってきたような、時間をかけ満を持して練り込んだ1回の施策を、大仰な組織間で稟議を通し、成功か失敗か皆で見守る……という方法では到底太刀打ちできません。それぞれの施策が完璧でなくても、情報を把握し理解したらすぐに取り掛かり、良いものは取り入れ、悪いものは排除していく、そしてまたこれを繰り返す。そうしてサービスを磨き込んでいくOODAループを回す際に、ソリューションが固定化されてしまっていては意味がありません。

　Best of Breedを採用することで、施策のスピードややりたいことに合わせてマーテックソリューションを柔軟に変化させていくことが可能になるのです。

## Best of Breedのポイント

　Best of Breedでシステムを考えると、自然とSaaS型のソリューションを使用することが多くなります。ここでは、SaaS型のサービスを前提としたBest of Breedのポイントをご説明します。

### スモールスタート

　いきなり最初から大成功というのは現実的に難易度が高いので、最初はある程度範囲を狭めて、特定の製品だけで実施してみるという発想が大切です。そこで効果検証を行い、うまくいけば他の製品にも展開していく、というフローで、会社の中での理解者・利用者を拡大させていくイメージです。

### 目標・指標設計が重要

　目標・指標設計からしっかりとスタートすべきです。SaaSのサービ

スは、そもそも小さく始めてスケールしていくことを前提で料金テーブルが設計されているので、どの範囲の何を計測するか、どういう規模で始めるかといった指標を、事業会社とSaaS企業が共に設定することで、初めは少人数のアカウント利用からはじめ、成功を重ねるとともに徐々に拡大していくという手順が踏めます。

## 本格活用前のオンボーディングを重視

「導入したは良いが使われない」を回避するためにも、活用準備段階でのオンボーディングは重要です。社内で環境を整備し、人材をアサインし、活用方法をトレーニングしていく、といった点にかなりウエイトが置かれることがこのSaaS型の特徴ともいえます。

## 過去のノウハウをもとにしたプロセスのフレームワークの活用

先行するグロース企業のノウハウをもとに、ツールを活用して成功に導くための勝ちパターンがベンダー側である程度フレームワーク化されていることが通例です。こうしたフレームワークを活用することで、やるべきことが比較的明確になっているので、無駄のない導入が図れます。

## 個別定例ミーティングなどによる進捗確認と改善

実際に使い始めた後に、ベンダーと個別定例ミーティングなどで進捗の確認を行い、より適切に活用するための改善アドバイスを受けて改善を進めていくことで、社内にノウハウを徐々に蓄積できます。

## 勉強会(リアル)やウェビナー(オンライン)による
## "活きた"実践ノウハウ習得機会

導入企業をまたいで学びを共有する場が設けられることもあり、そこでは生きた実践ノウハウが学べるようになります。例えば、飲料メーカーが自動車メーカーのマーケティング実践事例を参考にする、という

こともありえます。こうした場をうまく活用して他社の実践ノウハウを習得します。

## "リーン"なビジネス展開が求められる時代

　グロースエンジンを回すという思考を考える上で、もうひとつご紹介しておきたいのが、「リーン」という考え方です。

　2011年に出版された『The Lean Startup』で、著者のエリック・リース氏は、「リーン・スタートアップ」という手法を提唱しました。同氏は本書で、リーン・スタートアップでは、製品やサービスを開発する際に「Build（構築）-Measure（計測）-Learn（学習）」のフィードバック・ループを高速に繰り返すことで、時間や労力、資源の無駄をなくし、時代が求める製品サービスを効率的に生み出すことができるといっています。

　このメソッドはすでに米シリコンバレーを中心とするIT領域で広く受け入れられており、大規模な組織でも導入されています。

　ビジネスを「リーン（＝無駄なくスマート）」に展開するという考え方は、製品・サービスのUI、UXさらにはグロースハックにも取り入れられています。すでに10年近くも前に取り入れられている手法ですから、かなり早い時期からこのグロースエンジンの基本的な考え方は登場していたことがわかります。


　リーン・スタートアップの思想を図で解説します（図29）。従来の開発志向が、先述のように「年4回」というレベルでの開発の山があるとすると、（自動車のような製造業など、生産設備投資が必要だったり、工程設計のリニューアルが重くなったりする業種では仕方ない面があるものの）インターネットサービスなどではそれでは遅く、「構築、学習、計測、構築、学習、計測」のサイクルを速いスピードでどんどん回していくというのが、これからのやり方です。

縦軸はリスクを表わしています。時間とコストをかけ入念に準備を行い、満を持して世の中にサービスを大々的に打ち出したとしても、それが外れた場合のインパクトは大きくなります。そうではなく、収益や

[図 29] リーン・スタートアップの思想

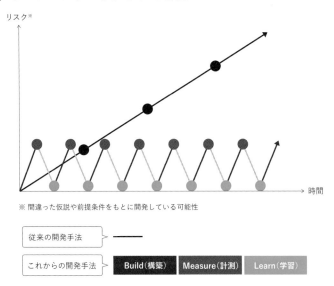

出典：『The Lean Startup』, in the looop, Luxr

サービス規模としてはスモールでも、とにかく世に出して試してみる、だめだったら撤収し、課題を改善してリトライする、という方が、結果的にリスクが減るのです。


## 短期的な視点と中長期的な視点

　マーケティング施策を行う際、投資対効果は当然考えられるべきものですが、その点においてもグロースマーケティングの考え方を示します。

図30は、従来のPUSH偏重型マーケティング、顧客満足度重視型のマーケティングそれぞれで、時間とともに得られる収益が、どのように変遷するかを表したものです。

　瞬間収入を目指すというものがPUSH偏重型です。この手法は、プッシュした瞬間は大幅に収益を得ることができますが、いずれ急激にしぼんでしまうものです。これに対して、顧客満足度重視型のマーケティン

[図30] 短期的な視点と中長期的な視点

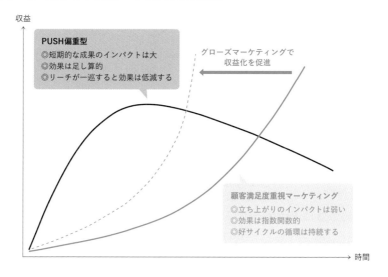

グは、立ち上がりの収益インパクトは大きくなくても、地道にファンをつくり、育てていく手法ですから、よりよい製品体験を積み重ね、長く愛用してもらいながら、クロスセル・アップセルで周辺購買に拡大していくという方針です。こちらの方が、長い目で見ると収益力は高いといえます。グロースマーケティングでは、この顧客満足度重視型の収益化をさらにスピードアップしていきます。

同じような戦略が、『D2C』（佐々木康裕著、NewsPicksパブリッシング）でも語られています。ここでは、顧客をコントロールせず「エンカレッジする」ということが書かれてあります。

　かつて、「バズを生もう」などと、マーケットではもてはやされたこともありました。しかし、FacebookやTwitterなどで日々大量の情報が投下される昨今では、バズが最終的に最大の収益を生み出すわけではないということがわかってきました。それよりも、ブランドへの信頼の積み重ねを通じてLTVを拡大していき、それによって継続的な購入を促した方が、長い目で見ると得策であり、結果、収益の積み上げにつながる、という趣旨のことを述べられています。

［図31］バズと継続的コミュニケーションによる購売

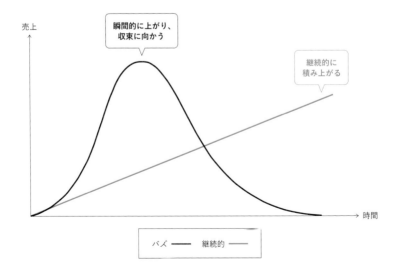

# 的確な目標・指標設計（Business Impact）

## グロースマーケティングに求められるKPI

いよいよグロースマーケティングの3つの軸、最後の「的確な目標・指標設計」についてです。ここではプロダクトのグロースに必要な指標設計についてお話しします。

**［図3］グロースマーケティングの3つの軸（再掲）**

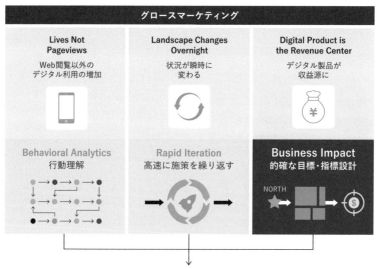

グロースマーケティング

| Lives Not Pageviews | Landscape Changes Overnight | Digital Product is the Revenue Center |
| Web閲覧以外のデジタル利用の増加 | 状況が瞬時に変わる | デジタル製品が収益源に |
| Behavioral Analytics 行動理解 | Rapid Iteration 高速に施策を繰り返す | Business Impact 的確な目標・指標設計 |

ビジネス・サービスの持続的成長へ

大量データを高速で処理できるようになったことで、企業活動の目標設定も当然進化してきています。ここまでにも概略を述べてきましたが、グロースマーケティングでは、下記のように指標設計の考え方も変化し

ていきます。

## 経験者の勘と経験に頼っていた指標設計から
## データに基づいた設計に

　これまでは、アンケート調査などで顧客の声を拾い集めて得た部分的なデータをもとに、ユーザーの動向を想像し、仮説に沿った指標が設定されることがメインでした。これはいわば勘と経験に基づくものであり、本章の冒頭でも述べたように、経験では見えない意外な顧客満足の視点は見落とされがちでした。これからは、実際に目の前にあるデータを注視し、「こういう行動をしているユーザーが離脱する可能性が高い」といった具体的な行動データに基づいた発見と、データを用いた指標設計が必要になっていきます。

## リアルタイムに、詳細な全量データが取得できる

　以前は、データを集め、加工し、分析するだけでも大量の時間と人手がかかっていました。したがって、データの集計は月次、週次といった粗い粒度で実施せざるを得ませんでした。高速処理が進み大量のデータが瞬時に計測できる時代になったことで、データもリアルタイムで補足が可能になります。また、属性で一括りにするのではなく、行動をベースにしたきめ細かなユーザーデータが取得できることから、全量データをもとにした精緻な指標設計が可能になります。

## 企業目線の指標から顧客に寄り添う指標へ

　クラウド型、サブスクリプション型のビジネスが増加したことで、顧客が他社のサービスへ乗り換えるコスト・手間は非常に低くなっています。顧客が自分でサービスの情報を収集し、選択できる現在では、企業はいかに選ばれ続けるサービスを提供できるかが生命線であると言っても過言ではありません。こうした変化は企業が設定するビジネス指標に

も影響を与えます。

これまでのビジネス指標は、「月間売上高」「月間ユーザー数」というような、どちらかというと企業目線の「経営成果」を示すものが設定されてきました。DX時代になると、より顧客満足に寄り添いうる「顧客体験」の達成度を指標に盛り込むことが重要になります。

## 結果指標と先行指標

大量のデータが行動ベースで蓄積されてくると、その後の打ち手が見えてきます。今までのような少ない、かつ行動ベースではないデータでは、データを整理したとしても、例えば売上金額や伸び率、問い合わせ件数などをレポートにまとめるのが関の山でした。こうした、売上や問い合わせ件数などを結果指標といいます。ビッグデータの活用において今後重要になってくるのは、過去の集計ではなく、データをどうやって未来の羅針盤とするのかという点です。

そこで重要な考え方が「結果指標と先行指標」です。

結果指標については前述しましたので、「先行指標」をわかりやすく説明しておきます。

例えば今後の景気動向を予測するには、どうすればよいでしょうか？

景気に影響を与える要素は多いのですが、その中のひとつは新規求人数です。企業はこれから受注が増えそうだと思えば採用を増やしますので新規求人数が増え、逆にこれから受注が減りそうだと思えば採用を控えます。そのため、新規求人数の動きが、景気動向よりも先に変動するのです。この場合の新規求人数が景気動向に対する先行指標です。同じように、ビッグデータから、何の数字を押さえておけば、将来のビジネス成果につながるのか。この数字を探すことが重要です。

アメリカのグロースマーケティングで最先端を行く企業の多くは、先

行指標を経営の判断の中に入れており、それをどうやって高めていくのかを追求しています。

## 顧客理解のレベル

正しい指標設計をするためには、その根拠となる顧客の行動を、高いレベルで理解する必要があります。顧客の理解には以下の視点での分析が重要です。

---

- ・正しいユーザーに最適な広告が配信できているか
- ・コンバージョンまでの導線に問題がないか
- ・アハモーメントがユーザーにもたらされているか
- ・一部のファンだけが使っているのではなく、多くのユーザーに使ってもらえているか
- ・コミュニケーション重視のタッチポイントを作れているか

---

顧客属性（デモグラフィック）による分析では上記を把握することは難しく、顧客行動を理解した上での分析が必要なことはここまで読み進められた皆さんなら自明でしょう。

実は、一口に顧客理解といってもその理解度にはレベルがあります。

[図 32] 顧客理解のレベル

| LEVEL 1 | **KPI Monitoring** ―― 定点観測 ―― <br> MAU／DAU等のビジネスドライバーをもとに、パフォーマンスを測定 |
| --- | --- |
| LEVEL 2 | **Problem Diagnosis** ―― 課題探索 ―― <br> ユーザー離脱ポイント特定等、スポット課題を発見 |
| LEVEL 3 | **Behavioral Analysis** ―― 行動理解 ―― <br> ユーザー行動に基づき、ネクストアクションを導出 |

## レベル1　定点観測

　Googleアナリティクス、Tableauなどのアナリティクスツールを用いて、MAU（Monthly Active User）、DAU（Daily Active Users）、PV(Page View)、UU(Unique User)などの、「結果の数字」を知る段階です。日本でもかなり一般化していると思います。

## レベル2　課題探索

　要因分析です。先ほどの「離脱ポイントで何が起きている？」「この店の不振の原因は？」という、ファネルにおける特定の課題をスポット的に分析し、課題探索するという行為です。ツールベースでいうと、Google BigQuery、Adobe Analyticsなど、SQLの条件指定を活用して分析することが一般的です。データサイエンティストなどが従事することが多いですが、これも比較的発掘しやすいレベルです。

## レベル3　行動理解

　レベル3からが、本書で訴える「顧客理解」といえるものです。
　ロイヤルカスタマーが大事だとわかっていても、どのような人がロイ

ヤルカスタマーになってくれるのかは、なかなかつかめないものです。従来のやり方では、読者アンケートや購買調査によって、限定された情報から顧客のペルソナを想像していくしかありませんでした。これからはその要因を行動ベースでつかむ時代です。具体的に「どういう行動をとる人」という、行動ベースで把握することが重要になります。

「継続利用率は何%」「売上はいくら」という情報ではなく、「ずっと使い続けてくれている人はどういう行動を取っているのか」という行動を見ていくのがポイントです。

　生活雑貨のECサイトを例に挙げてみましょう。

　日用品やおしゃれな雑貨などを扱っているECサイトをイメージしてください。このECサイトのユーザー行動を分析した結果、ロイヤルカスタマー（継続購入率が高く、累積の購入金額も多い）が、新着商品のお知らせをよく見ている、という傾向が発見できました。これは、その生活雑貨のファンのため、新しい商品の情報をいち早く知りたい、いいものがあれば早く手に入れたいというユーザーの心理を表わした行動です。

　こうした、リテンションにつながる良い行動を一部の熱狂的なファンだけでなく、その他の顧客に広げていくことでロイヤルカスタマーの拡大が図れます。現在は新着情報をこまめにチェックしていない人でも、ひょっとする新着情報を知りたいというニーズはありながらも、「サイトのどこにその情報があるか知らなかった」「時間が無くて自分でチェックしている暇がない」等の課題を抱えているだけなのかもしれません。

　こうした場合に、ECサイトの目立つ場所に新着商品の情報を掲載する、登録した人には新着商品の情報をアラートでお知らせする、等のプロモーション施策やサイトの機能改善を図っていくのです。こうすること

によって、あらかじめリテンションに寄与すると判明している「新着商品のお知らせを見る」という行動を多くのユーザーにとらせ、ロイヤルカスタマーを拡大していくことができます。

　ロイヤルカスタマーとは逆に、休眠、チャーン抑止の観点でも行動理解が重要です。休眠、チャーンしたユーザーグループを抽出し、そのユーザーはどういう行動をしていたのかを分析します。
　例えば動画配信サービスの場合、「シリーズものの最終話を見終わると解約率が高まる」というパターンがわかったとしましょう。自分の見たかったシリーズが終わったのでサービスを不要と考えて解約してしまうのです。
　「シリーズものの最終話を見終わったらチャーンの危険信号だ」とわかれば、最終話を見終わったところに、そのユーザーが興味のありそうな別のシリーズを提案する等の施策を打って、チャーンを抑止することもできます。

　以上が、顧客理解のレベルです。残念ながら、日本では、まだレベル3にたどり着いている企業は少ない状態ですが、グロースマーケティングにより、少しでも多くの企業にレベル3へ到達していただきたいと考えています。

## グロース企業が採用する指標 「ノーススターメトリック」

　ユーザーのプロダクト体験を評価しビジネスの成長につなげる手法として、Airbnb、Amazon、Netflixなどの著名起業が取り入れているのがノーススターメトリック（NSM:North Star Metric）です。グロースマーケティングで、各プロダクトの先行指標を設定するために、この手法は

ぜひ押さえておきたいものです。

　事業の指標設計には、KPI、KGI（Key Goal Indicatorで重要目標達成指標）などが用いられるのが一般的です。

　図33が、日本で一般的に行われている指標設計の方法です。すなわち、KGIを設定し、それに伴いKPIを設定します。どんなビジネスでも売上が重要なので、おおむねKGIには売上が設定されます。

## ［図 33］ 従来の目標設定

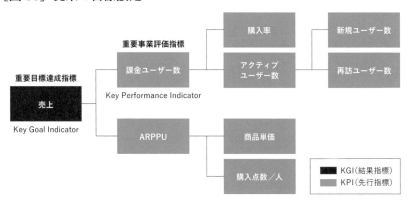

　この売上を因数分解し、ARPPU（Average Revenue Per Paid User：ユーザー1人当たりの平均収益）と課金ユーザーの数、さらに課金ユーザー数は購入率とアクティブユーザー数、ARPPUは商品単価と1人当たりの購入点数、というように落とし込んでいく。これが「うちのKPI、KGIだ！」と設定している企業がほとんどだと思います。

　しかし、これは望ましい指標とはいえません。なぜなら、これは企業側の一方的な因数分解にすぎないからです。言い換えれば、サービス提供側からの視点だけしか見ておらず、この中にユーザー視点の、お金を払ってサービスを体感しようという「顧客体験」が指標として設定されていないのです。

これからのDX時代においては、「顧客体験」の達成度を指標に盛り込むことが重要だということは前述しました。

　このユーザー視点での評価を図れる指標として取り入れられたのが、ノーススターメトリックです。ノーススターメトリックは、経営層やマーケティング部門のみならず、営業部門や開発部門、カスタマーサービス部門等、プロダクト・サービスに関わるすべてのメンバーが目指すべき単一の指標です。

　ノーススターメトリックは図34のように、KGIとKPIの間に入れるイメージです。

[図34]　ノーススターメトリックの位置づけ

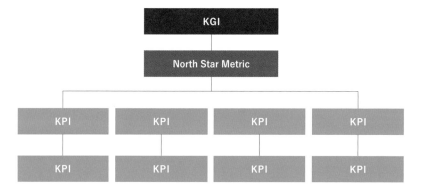

　ノーススターメトリックは3つの要素から成ります。

　図解すると図35のようになりますが、これまで1「企業側：プロダクト提供」とそれを評価する3「売上への先行指標」としか捉えていなかったところに、2「ユーザーのプロダクト体験」も指標としてわかるようにして初めて正しい指標になるというのがノーススターメトリックの考え方です。

[図 35] ノーススターメトリックを構成する３要素

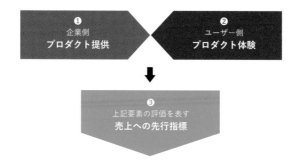

## ノーススターメトリックの設計手順

### ステップ❶ プロダクトを分類

　まず、自社のサービスが以下の3つの内、どのプロダクト種別に分類するか確認します（図36）。

　なお、この3つのプロダクト種別は、米国No.1の行動分析ツールを提供するAmplitudeが12,000社以上の顧客のサービスを調査し、分類したものです。

[図 36] プロダクトを分類

| Attention | Transaction | Productivity |
|---|---|---|
| より多くの時間を<br>プロダクトに<br>費やしてもらう | 商品購入の<br>トランザクション数を<br>より多く実行してもらう | より多くのタスク数を<br>効率的／効果的に<br>実現してもらう |

① アテンション

これは「利用時間」にフォーカスしたプロダクトやサービスです。ユーザーが一度やってくると、長い間滞在してもらい、それによってビジネスが広がるということです。Facebook、Netflix、グノシーやSmartNewsもアテンションに分類されます。

② トランザクション

ECサイトなどを通じてたくさん購入（トランザクション）をしてもらいたいというプロダクトやサービスがこれに当てはまります。Amazonが代表例となります。

③ プロダクティビティ

多くのタスクをより効率的に実行してもらうことを目的とするプロダクト・サービスが当てはまります。SFA（Sales Force Automation）をはじめとする業務アプリケーションなどが代表的な例です。

例えばFacebookは、ユーザーに「アプリへのできるだけ長い滞在時間」を求めています。よって、「時間」を重視する「アテンション」に分類されます。

この時、Facebookがもう少し売上を拡大したいと思ったら、Facebookは広告のインプレッションで儲けているので、広告を増やして1スクロールごとに広告を表示させることが可能なはずです。

しかし実際には、Facebookはそうはしていません。なぜかというと、あまりに広告ばかりが表示され続けると、ユーザーには「ウザい」「広告ばっかり」と思われて、ユーザーの心地よさを損ねる危険性があるからです。ほかにもFacebookは、どぎつい広告や、社会的に問題となる広告、図や文章の量など、広告規定も厳しく規制していますが、これは、このノーススターメトリックに基づく、「ユーザー側のプロダクト体験」を重視しているからです。

## ステップ❷ ノーススターメトリックを仮決め

　ステップ1で定めたプロダクトの種別に合わせ、何が重要な要素となるのかを決定し、ノーススターメトリックを仮決めします。

　例えばアテンション型だと重要な要素は滞在時間であり、そこから考えられるノーススターメトリック案としては「コンテンツ再生時間」「月10時間以上滞在したユーザー数」などが挙げられます。

　トランザクションの場合は、重要な要素はトランザクション数であり、ノーススターメトリック案は「商品購入回数」「マイル獲得数」などになります。

　プロダクティビティの場合はタスクをたくさん処理してもらうことを重視するので、ノーススターメトリック案は「レコード登録数」「ファイル作成数」などになります。

[図37] ノーススターメトリックを仮決め

| 種別 | 重要要素 | ノーススターメトリック案 |
|---|---|---|
| **Attention**  | 滞在時間 | ◎コンテンツ再生時間<br>◎月10時間以上滞在した　ユーザー数 |
| **Transaction** 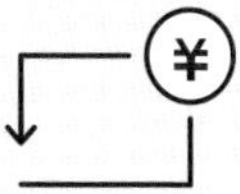 | トランザクション数 | ◎商品購入回数<br>◎マイル獲得回数 |
| **Productivity**  | タスク数 | ◎レコード登録数<br>◎ファイル作成数 |

## ステップ❸ KPIを求める

　ステップ2まで決めたら、ノーススターの4つのディメンション、「広がり」「深さ」「頻度」「効率」でKPIを求めます。

　トランザクション型に分類したAmazonの例で、それぞれ落とし込んでみましょう。
　「広がり」は、エンゲージメントしたユーザー数を示します。「購入ユーザー数」と設定できます。
　「深さ」はエンゲージメントのレベルを表します。「購入単価」になります。
　「頻度」は文字通り、「購入頻度」。3日に1回しか買わない人がいたならば、2日に1回に回数を増やしてあげたいということです。
　最後の「効率」は、自分の欲しいものを効率よく、早く購入できているか。タスク完了までの速度、時間が設定できます。
　これらがユーザー目線も視野に入れたKPIになるということです。

### [図38] KPIを決める

このようにKPIが設定できたら、それらの数値を高めるための施策を決定していきます。例えば「クーポンを発行する」「プレイリストをもうちょっと増やす」など。エンゲージメントを高めるマジックナンバーに合わせて、施策案を練るわけです。

このように、企業側の業績目標だけではなく、ユーザー視点でのサービス価値、言い換えれば「何をもって価値と感じてくれるのか」というポイントを、しっかりと指標の中に設計しておくのが、ノーススターメトリックです。

一次のKPIの下には、このKPIを支える二次のKPIの設定も必要です。

一次のKPIの設定までは人間が考える必要があるでしょう。ただ、例えば「プレミアムユーザー数を増やすためにはどうすればいいか」ということを検討し、これらを支える実際の施策やインプットKPIを決定する際には、先程から述べてきたような行動分析が役に立ちます。「新規ユーザーがプレミアムユーザーになるためにはどんなイベントを体験しているのか」を調べることで、簡単にKPIを見つけることができるようになってきました。

我々DearOneもノーススターメトリックを図39に示す通り設定しています。

我々が提供するSaaS型アプリ開発サービス「ModuleApps」は企業の公式アプリを提供するB to Bのサービスです。クライアントは企業であり、アプリを使ってプッシュやクーポンの配信をユーザーに対して行っていただくソリューションですので、プロダクト分類は「プロダクティビティ」になります。

そして、ノーススターメトリックはModuleApps上で提供されているアプリのMAUに設定しています。これは、アプリを企業と消費者の接点のひとつであると捉え、ユーザーがアプリを起動する回数が増える（MAUが高まる）ことが、ModuleAppsを利用する企業の成功につながるという考えからです。

このようにして設定したノーススターメトリックは、経営層自らが社内に目指すべき指標として掲げ、メンバー全員に意識させることが重要です。メンバー全員が、ユーザー体験を考慮した指標であるノーススターメトリックを意識して日々の活動ができるようになれば、グロースマーケティングの第一歩を踏み出せたといえます。

［図 39］ DearOne のノーススターメトリック

## リテンション・イズ・キング・オブ・グロース

　グロースハックの世界には、「リテンション・イズ・キング・オブ・グロース」という格言があります。すなわち、リテンションの向上はビジネスの成長を継続する上で最も重要な戦略のひとつと捉えられている

のです。

　HubSpotのVP Growthだったブライアン・バルフォー氏は、次のように述べています。

「リテンション・イズ・キング・オブ・グロースといわれているのは、リテンション向上により次の相乗効果を得ることができるからです」

　まず、収益向上のチャンスが生まれます。例えば初来店の顧客が、そこでものを買わなかったとしても、1週間後、再来訪の際に何か買うかもしれません。また3度目の来店で買う人もいるかもしれません。したがって収益機会は向上します。収益機会の向上は、結局、LTVの向上に繋がります。このように、繋がってさえいれば、いずれどこかで顧客になり、LTVの向上に繋がるかもしれないということです。

　さらに、LTVが上がると、その収益を新規の顧客獲得の投資に使うことができます。すなわち、より高いマーケティングバジェットを使って、より品質の高いユーザーを呼び込む可能性が広がるということです。

　こういったサイクルをみても、リテンションがキング・オブ・グロースといわれるのは当然です。

# 事例：バーガーキング

## 「Whopper Detour（寄り道ワッパー）」キャンペーン

　グロースマーケティングの基本を学んできたところで、ひとつ、アメリカでの具体的な成功事例をご紹介しましょう。

## ［図40］バーガーキングの事例

出典：［実例紹介］9日間で150万DL ／48時間でアプリランキング1位／バーガーキングのマーケティング手法

　ファーストフード大手、バーガーキングは「Whopper　Detour（寄り道ワッパー）」というキャンペーンを実施し世界3大広告賞のひとつといわれるカンヌライオンズの 2019 モバイル部門で2冠を取得しました。

　このキャンペーンでは、開始48時間でAndroid、iOSの両OSでのダウンロードランキングが686位から1位になりました。またアプリダウンロード数は9日間で150万に達し、モバイルによる売上も3倍になりました。

　バーガーキングが実施したキャンペーンは、下記の通りです。

① バーガーキングのアプリをダウンロード。
② 競合であるマクドナルドへ来店すると、バーガーキングからクーポンが配布される。
③ アプリからバーガーキングの商品「ワッパー」を1セントで注文。
④ 顧客はバーガーキングに行き、「ワッパー」を受け取る。

本キャンペーンが成功を得た大きなポイントは、行動分析をもとにライフサイクルモデルを設計し、新規・復帰・定着・休眠といったユーザーの状態別に適切な施策を実施した点にあります。

## 「行動ターゲティング」の実現

このキャンペーンでは、競合店に入った顧客に格安の提案をして自社店舗へ誘導するという施策の独自性が目立ちますが、実は重要なポイントはそこだけではありません。キャンペーンはアプリを使って提供されていますが、このアプリ上でのユーザーの行動を徹底的に分析した上で、行動をもとにしたユーザーのターゲティングを行い、ユーザーに応じた施策が打たれていた点も非常に重要です。まさにグロースマーケティングの3つの軸、「行動理解」です。

行動ターゲティングを実現するにあたっては、バーガーキングアプリから以下のデータを収集しました。

---

・アプリ行動ログ
・位置情報データ
・広告計測データ

---

これらのデータをもとにユーザーをライフサイクルで分類しました。つまり、新規ユーザー、復帰ユーザー、定着ユーザーなどに分類していったということです。ユーザーの状態によって打つべき施策も目標も異なります。

例えば新規ユーザー、つまり初めてアプリをダウンロードしたユーザーには本キャンペーンでアプリ上からバーガーを注文させ、最終的に

はアプリを有効化してもらう必要があります。そのためにはダウンロードからオーダー、登録までの導線をわかりやすく設計・改善していく必要がありました。また、目標とする指標はバーガーをアプリからオーダーした新規ユーザー数などになります。

一方ですでにアプリをダウンロードしているユーザーには、アプリを継続して利用してもらうことが目標になります。そのためにはアプリは持っているけれどキャンペーンを体験していないユーザーにプッシュ通知するなどの施策が有効でしょう。また、目指すべき指標はアプリの起動回数などになります。

このように、ユーザーの状態によって打つべき施策も目指すべき指標も異なるのです。グロースマーケティングの3つの軸「的確な目標・指標設計」がなされていることがわかります。

さらに重要なことは、こうした行動ターゲティングによるユーザーの状態は、刻一刻と変化することです。1週間前の新規ユーザーは、今日の時点では定着ユーザーかもしれませんし、ひょっとすると休眠ユーザーになりかけているかもしれません。こうしたユーザーの状態を行動データからリアルタイムに分析し、常に適切なユーザー群に組み入れて施策を打っていくことが重要です。

バーガーキングの事例ではこうしたユーザーの行動分析を早いスピードで繰り返し、適切な指標設計を行った上で施策を打ち続けることにより、冒頭にお伝えしたような高い成果を上げることができたのです。グロースマーケティングの3つの軸、「高速に施策を繰り返す」の実践です。

本キャンペーンでは、グロースマーケティングの3つの軸としてご説明した「行動理解」「高速で施策を繰り返す」「的確な目標・指標設計」のすべてが行われていることをご理解いただけたかと思います。

# 第 4 章

# データ活用の肝 タクソノミー設計

## すべてのデータを紐付け、組織全員で使い倒す

GROWTH
MARKETING

# データ活用の4ステップ

## ためる・整える・分析する・つかう

　データを取り扱う一連の流れの中で、重要となるアクションは「ためる・整える・分析する・つかう」の4つです（図41）。これを我々は「データ活用の4ステップ」と呼んでいます。データをため、その内容から顧客の動向を読み取り、的確な施策を打ち出す、という点は旧来のデジタルマーケティングでも同じでしたが、特に日本においては、十分に機能を発揮しているかというと、そうは思えないというのは、ここまで述べてきた通りです。

［図41］ データ活用の4ステップ

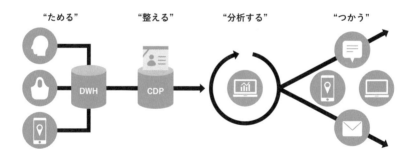

## ［ためる］いきなりデータを集めない

　データを使って顧客理解を進める際の第一歩はデータをためることです。しかし、いきなりデータを集め始めてはいけません。ここで重要なことはテーマ設定、必要データの明確化です。テーマ設定においては、

「何のためにデータを活用するか」という目的や、「こういったことがあるのではないか」という仮説を決めておくことが重要です。

その後に必要なデータを取り込み、さらにデータを見てアイディエーションして施策を実施していきます。社内にたまっているデータをいきなりかき集めて整理しようとしたり、考え込んだりするのは途中で行き詰まるため得策ではありません。

特にデータをためる段階でよく起こるのが、データを見たいマーケターと実際にデータを収集するエンジニアの間で会話がかみ合わないことです。例えばマーケターは「店舗購買直前のアプリ上でのユーザーの行動が見たい」とエンジニアに要望します。しかし、エンジニアからの回答は「オフラインイベントのセッション定義を教えてほしい」です。これは何を意味しているかというと「店舗購買直前」というデータの定義を教えてほしいということなのですが、ビジネスサイドとテックサイドで使用する言葉が違うためにデータがうまく集められないということがあります。これを解決するためにはデータPM、データ司書という役割の人を置き、データ利活用のポイントを整理することが重要です。

## ［整える］データを使える状態にする

データがたまっても、使えなければ意味がありません。

大企業であれば、すでに多様なデータを社内に蓄積されているはずですが、その多くは散らかった状態になっており、有益に使えていない場合も多いのではないでしょうか。

下記のようなケースが日本企業では散見されます。

---

・IT部門、マーケティング部門、経営部門それぞれでデータを保有しており、共有されていない。

・分析するたびにコピーしたデータがそれぞれ残っていて、更新さ

れていない。
・オンプレミスで構築したシステムが使いづらくなっているが改修
　されていない。

こうした問題を解決し、保有しているデータを無駄なく、いかにマーケッタブルなデータ、全社統一の使えるデータにできるかというところがポイントになってきます。

ここでデータを「整える」という作業が必須です。貯まったデータを整えることも重要ですが、整った状態で貯まるように貯め方を設計することも必要です。このデータ設計方法はタクソノミー設計といいますが、これについては後述します。このタクソノミー設計こそがデータ活用の肝なのです。

## ［分析する］顧客理解のレベルを高める

「分析する」というのは主に、「分析する」「可視化する」という領域です。第3章で述べたように、過去の結果数字を見るというレベル1「定点観測」、ファネル分析によって過去の離脱要因などを分析して課題を発見するレベル2「課題探索」、ユーザー行動に基づいて、次のアクションを導出するレベル3「行動理解」があり、レベル3まで到達するのがグロースマーケティングでの目標でした。

分析のツールや手法は様々なものがありますが、機械にまかせられるものはできるだけ自動化し、素早く施策に結びつけることも大切です。もちろん、マーケティング上やりたいことによって、手動で行う分析もありますから、どれが適正かというのは変わってきます。一択ではなく、目的に応じて様々な分析手法を使い分けて進めるのがアメリカでの主流です。

## ［つかう］分析結果を即座に施策に生かす

「つかう」は、実際に顧客に対してエンゲージメントを構築する手を打つことです。様々なツールを用いて、施策を高速で行い、結果をフィードバックしながらデータを更新し、施策をブラッシュアップしていくことが必要です。

　従来のデジタルマーケティング施策では、「分析する」のタイミングでデータの連携は一旦中断していたのですが、グロースマーケティングでは、そこで知ったユーザー、例えば月に15回以上音楽を再生しているユーザーだけをグルーピングして、クラウドに格納し、そのグループに向けてマーケティングキャンペーンのアプリプッシュ通知、メール配信などを行っていきます。つまり、行動の流れで特定できた条件を満たした人だけをセグメント化して、その先のマーケティングの活動に使えるようにする、というのがポイントです。

### ［図42］データ利用環境の整備

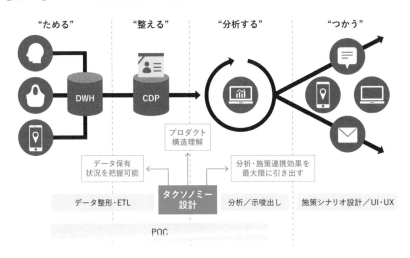

# 「整える」の流れ

　データ活用の4ステップの中で特に重要であり、かつ日本企業が取り組めていないのが「整える」のプロセスです。「整える」プロセスでどのような作業が必要かをご説明します。

## サンプルデータを準備する

　データを整えるためのサンプルデータを準備します。ここではWebサイトのアクセスログなどのオンラインのデータから、POSなどのオフラインのデータまで、一通りのデータのサンプルを収集します。
　その上で、どこから取得したデータにどんな項目があるのか、各データ間にどんな関係があるのか、各データ間を連結する際のキーとなる値は何かという点を確認していきます。

## 共通IDを発行する

　これまで、データを「整える」ことに関する課題においては、オフラインのデータとオンラインのデータを「一緒にためる」という議論がメインでした。オフラインのデータとは、例えば店頭の購買データ、POSレジのデータなどです。
　しかし、これをただ「一緒にためる」だけでは、実は正しい顧客理解はできません。例えば、あるコーヒーショップで、ポイントカードを提示し決済したユーザーは、その行動の裏で、アプリ上でお店を探していたり、ECでグッズを購入していたり、別の店舗に来店していたりする可能性があります。大手のチェーン店になると、その個人の決済データは何十万件ということになりますが、これらのオンライン、オフラインすべ

ての行動データを紐付けていかなければ、正しく個人の行動を分析することができません。

　そのため、1人につき1個のIDで、個人の行動を一気通貫でデータを横串で繋げることが重要です。したがって、「整える」での最初の作業は、共通IDを発行することになります。

## オフラインセッションを設定する

　1人のユーザーがWebサイトにアクセスする1回の行動単位を「セッション」と呼びます。通常、Webサイトの場合、前後30分ずつを1セッション、アプリの場合は前後5分を1セッションと認識します。

　一方、店頭購買などのオフラインでの行動については、世界的にもセッションの定義がなされていません。店頭でのセッションとは、来店から購入までの一連の行動単位を指します。まずはそこを設定すべきだというのが、我々の見立てです。

　オフラインセッションの定義がなされていない大きな理由のひとつは、顧客の行動が業種業態によって様々だという点です。例えばホームセンターでのオフラインのセッションとコンビニでのオフラインのセッションを比べた時、ホームセンターには1日に何回も行かないでしょうから、1セッションは日単位で計測できますが、コンビニは1日何回も行くので、日単位で管理するとデータが荒すぎます。このように、会社ごと、サービスごとに計測の単位を決定していくことが望まれます。

　このように、データを整える作業には一筋縄にはいかない難しさがあります。また業種業態によってもこれが正解というものは存在しません。当社は長い間、それぞれの企業に合わせた、データ整理の支援を行ってきていますが、その中で手法として1つ体系立てているのが、次節で紹介するタクソノミー設計です。

# タクソノミー設計を理解する

## 行動を詳細に定義する

　ここまでお話ししたように、顧客を行動ベースで理解するためには、ユーザーを定義することが必要です。同時にその人たちの行動（イベント）を細かく定義していかなければなりません。顧客行動には、オンラインのものもあればオフラインのものもあります。

　これらユーザー、イベントを定義し、データ取得時点から一貫性のあるデータとしてためるようにするための準備作業をタクソノミー設計といいます。グロースマーケティングを行う際には、このタクソノミー設計が肝になります。

　タクソノミー設計の手順は以下の通りです。

## イベント設計

### ❶ イベント名をつける

　まずはイベント設計です。
「アプリを開いた」「アプリを閉じた」「ログインした」という、顧客の行動を細かく洗い出し、1つのイベント名（Event Name）として命名します。

　グロースマーケティングでは、イベントを分析する際に内容を把握しやすいよう、以下のようなイベント命名規則を意識しています。

・動詞 + 名詞
　イベント名を動詞と名詞の組み合わせで設定します。例えば、商品を

検索するというイベントであればSearch（検索する）+　Item（商品）で
Search Itemとなります。

・キャメルケース
　キャメルケースとは、複数の英単語で用語を表現する際に、文字の頭
文字を大文字で表記することです。例えば、Add Item to Cartのような
記載方法です。

　以下が、イベント名の例です。

Search Item　「商品を検索する」
Add Item to Cart　「商品をカートに入れる」
Start Registration　「会員登録を開始する」
Complete Registration　「会員登録を完了する」

Select Item　「商品を選択する」
View Item Detail　「商品の詳細を閲覧する」
Favorite Item　「商品を『お気に入り』に入れる」
Purchase Item　「商品を購入する」
Follow SNS　「SNSをフォローする」

❷ 発火条件の設定
　合わせて、ユーザーがどういう行動をとった時に、そのイベントが実
行されたとみなすかを定義していきます。これをイベント発火条件（Ev
ent Description）といいます。例えば、「アプリを閉じる」であれば、
「ユーザーがアプリを閉じた時」などと設定できます。
　「アプリを閉じる」などは、行動そのものですのでわかりやすいですが、
「購入する」というイベントの場合、ユーザーが購入するボタンを押した

時点なのか、購入後のサンクスページが表示された時点なのか、倉庫から商品が出荷された時点なのかなど、様々な定義が考えられます。これを統一して、複数のチャネルでも同一の「購入する」というイベントに紐づけることが必要になります。

## イベントをもれなく洗い出すコツ

　必要なイベントをもれなく洗い出すには、何かのフレームワークに当てはめて考えるとよいでしょう。よく使用されるフームワークとしては、前述のAARRRモデルがあります。

　先程の指標内容をAARRRモデルをもとにイベントに落とし込んだ例が図43になります。

# イベントプロパティ設計

　イベントができたら、そのイベントについての属性情報を複数設定します。これをイベントプロパティといいます。
　例えば、「商品をカートに投入」した際、ユーザーがどのような商品を投入したかも把握したいと思います。この場合、以下のようなイベントプロパティを付与すると、どのような商品がカートに投入されたかも把握できるようになります。

・商品名
・商品 ID
・サイズ
・色

# ［図 43］ イベント設計

| 実装状況 | カテゴリ名（AARRR） | イベント名 | イベント発火条件 | 優先順位 |
|---|---|---|---|---|
| | **Event／Event Property** | | | |
| 未 | ユーザー獲得 | | 広告計測ツールからイベントを取得 | |
| 未 | アクティベーション | Start Registration | 会員登録を開始 | |
| 未 | アクティベーション | Complete Registration | 会員登録が終了 | |
| 未 | リテンション | Search Item | フリーワード商品検索 | |
| 未 | リテンション | View Item Genre | ジャンルから商品検索（メンズ／レディース／キッズ） | |
| 未 | リテンション | View Clearance | クリアランスから商品検索 | |
| 未 | リテンション | View Favorite | お気に入りから商品検索 | |
| 未 | リテンション | View Collection | コレクションから商品検索 | |
| 未 | リテンション | View New Arrival | 新商品から商品検索 | |
| 未 | リテンション | View Ads Banner | バナーから商品検索 | |
| 未 | リテンション | Filter By Size | サイズ絞り込み | |
| 未 | リテンション | Filter By Color | 色絞り込み | |
| 未 | リテンション | Filter By Price | 価格絞り込み | |
| 未 | リテンション | Sort By | 並び替え | |
| 未 | リテンション | Search Store Location | ストア検索 | |
| 未 | リテンション | Check Shipment Status | 配達状況の確認 | |
| 未 | リテンション | Launch Live Chat | ライブチャット | |
| 未 | リテンション | Check Size Chart | サイズ表 | |
| 未 | リテンション | Sign Up Email | Eメール配信にサインアップ | |
| 未 | 収益 | Add Item to Cart | アイテム投入 | |
| 未 | 収益 | Delete Item from Cart | アイテム削除 | |
| 未 | 収益 | Change Item from Cart | アイテム変更 | |
| 未 | 収益 | Check Cart | カート内容確認 | |
| 未 | 収益 | Checkout | チェックアウト | |
| 未 | 収益 | Insert Coupon Code | クーポン利用 | |
| 未 | リファラル | Follow SNS | SNSフォロー | |
| 未 | リファラル | Post SNS | SNS投稿 | |
| 未 | リファラル | View SNS | SNS閲覧 | |

出典：Amplitude 導入に向けたユーザー行動ログ設計

この場合の設計例は図44のようになります。

**[図 44] イベントプロパティ設計**

| 種類 | 名称 | コメント |
|---|---|---|
| Event | Add Item To Cart | 商品をカートに投入したら発火されるイベント |
| Event Property 1 | Item_Name | 商品名を入力 |
| Event Property 2 | Item_ID | 商品IDを入力 |
| Event Property 3 | Item_Size | 商品サイズを入力 |
| Event Property 4 | Item_Color | 商品色を入力 |

出典：Amplitude 導入に向けたユーザー行動ログ設計

# ユーザープロパティ設計

　最後にユーザー属性を示すユーザープロパティです。イベント（行動）の主語になる人の部分についての属性情報を複数付帯させます。例えば以下のようなものです。

- ・性別
- ・都道府県
- ・会員ランク
- ・クーポン利用回数合計
- ・初回購入日
- ・累積購入金額
- ・累積購入点数

　これをシートに落とし込んだのが図45となります。

[図45] ユーザープロパティ設計

| User Property | | | |
|---|---|---|---|
| 実装状況 | User Property 名 | 値（例） | コメント |
| 未 | Gender | 男性／女性 | 性別 |
| 未 | Location | 東京都／千葉県／埼玉県／神奈川県 | 住まい都道府県 |
| 未 | Rank | メンバー／シルバー／ゴールド | 会員ランク |
| 未 | Total Coupon Used | 2 | クーポン利用回数合計 |
| 未 | First Purchases | YYYY-MM-DD | 初回購入日 |
| 未 | Total Purchases | 54,800 | 購入金額ライフタイム合計 |
| 未 | Total Purchases Item | 11 | 購入点数合計 |

出典：Amplitude 導入に向けたユーザー行動ログ設計

　これらの工程で、一旦タクソノミー設計のドラフトは完了です。ドラフトが完了したら、少なくとも複数回のレビュー会を実施してみてください。

　なお、第7章では、この手順を用いて実際に皆さんにタクソノミー設計を行っていただきますので、ぜひトライしてみてください。

　さて、次章では、本章でご説明した「整える」以外の「ためる」「分析する」「つかう」それぞれの分野において、アメリカで特に注目を高めており、日本にも展開を進めているマーテックソリューション企業3社の日本法人の方に、グロースマーケティングの現場、日本の課題などについて伺った内容をご紹介します。

# 第 5 章

最先端の
マーケティングの今

# GROWTH MARKETING

# ためる

# Snowflake

クラウドベースのデータプラットフォームで現在評価が高まってきている
Snowflake社。2020年9月にニューヨーク証券取引所に新規株式公開（IPO）
を果たし、初値は245ドルと、IPO時の時価総額としては米国で2020年最大と
なった注目企業です。

**Snowflake株式会社 日本代表**
## 東條英俊 氏

ワシントン大学大学院フォスタースクールにて経営学修士課程（MBA）修了。2010年日本マイ
クロソフトからマイクロソフト米国本社へ移籍し、米国・欧州企業のクラウドシフトやデジタル
技術を活用した業務改革プロジェクトに従事。帰国後はテクノロジーの活用提案を通じて、日
本企業のDXを支援する。2019年9月より現職。

──貴社の事業内容を教えてください

「私たちは、DWH（データウェアハウス）の枠にとどまらず、CDP（クラウドデータプラットフォーム）という位置づけで、データウェアハウス、データレイク、データサイエンスといった領域にまでサービスを広げ、データ分析の基盤全般をクラウド上で提供しています。

サービスは非常にご好評いただいており、高性能で成果につながるということから、大手企業のお客様からデジタル系の新興企業のお客様まで幅広くご利用いただいています。業種業界や企業規模を問わず、ビッグデータがあり、分析のニーズがあれば、Snowflakeを検討いただけるという、そんなサービスになっています。

また、ETL、データの取り込みのところや、BI、AIのエンジンの部分については他のテクノロジーベンダーと連携するエコシステムを広げて、どんな環境でも組みわせて使っていただけるようになっています」

──Snowflakeの特長を教えてください

「これまでのDWHには10年選手の企業が多いですね。これだけ爆発的にデータが増えている環境では、従来の技術でデータを扱うのは限界にきており、皆さん運用に苦労されているようです。データが1カ所でためられず分散したり、データがコピーされていたり、ということがどうしても起きてしまう。つまりデータのサイロ化が起きています。

Snowflakeのアーキテクチャーはユニークなもので、データをためるストレージの部分と、計算処理するコンピュートの部分を完全に分離しています。これにより、ストレージ、コンピュートそれぞれを独立して、ニーズに応じて容量や性能を拡大したり縮小したりすることが自由にできるのです。大量にデータがあればストレージの部分を大きくすればいいですし、データは少ないが大量の人がアクセスしてくるという場合に

は、コンピュートのサイズを大きくすればいい。その時の状況によって
調整することができます。従量課金制なので、使わない時に余計なコス
トがかかることもありません。このあたりが私たちのサービスの特徴で
す」

── ストレージとコンピュートを分離すると何が良いのでしょうか？

「分けることそのものよりも、それによって何ができるか、ということ
の方が大事です。大量のアクセスが起きてもさばける、大量のデータス
トアがあってもパフォーマンスが落ちることがないというのは強みです。
また、経営、営業、マーケティング、店舗、経理、IT部門などから多重
にアクセスすることにより、ワークロードの競合が発生し、待ちが発生
するのが常ですが、Snowflakeはワークロードの管理の必要が一切必要
ありません。皆さん同時にアクセスできます。
コンピュートも必要なときに必要な分だけ起動すればよく、コスト面で

も余分な料金が発生しません。クラウドの強みはそこだと思うのです。例えばECサイトでマスクを販売する時に、オンプレミスのような仕組みを使っていると、大量のアクセスが同時に来た時にはとたんにサーバーダウンしてしまう。反対に、YouTubeのようなサービスも、いつピークが来るかわかりません。注目の将棋の対局などがあったら、十万単位で同時アクセスが来るわけですよね。それでもサーバーダウンしないのは、やっぱりクラウドならではのスケーラビリティをうまく使っているからだと思います。そこがオンプレミスと全然違うところです。データウェアハウスも同じで、企業がデータ量の問題に直面している状況があることから、『なるほどこういうものが出てきたんだ』ということで、Snowflakeが注目されてきているのだと思います」

── 導入企業の成功事例を教えてください

「導入されたお客様の成功例として、調査会社の大手、インテージさんに採用していただいています。インテージさんは、小売りのPOSデータ、パネルデータをもとに調査分析した結果を、顧客企業に対して提供している会社様です。今回、システムの移行を検討するにあたって、Snowflakeを複数のコンペティターと比較検討した時、Snowflakeは他社に比べてパフォーマンスが5倍高くなり、コストもこれまでの3分の2になったそうです。

インテージグループに属するIT事業会社、インテージテクノスフィアさんは専門知識を豊富にお持ちでした。そのため、他のSIerなどの力は借りずに、独自でSnowflakeのノウハウを築き上げてもらいました。もちろん私たちも多くのサポートをさせてもらいましたが、どちらかというとお客様主導での移行が実現できたと思います。外部に丸投げするのではなく、自社にある程度のノウハウを蓄積するということはやっぱり大事ですよね。

結構この種の話は多いんです。採用いただいた某大手自動車メーカーの話ですが、IoTの進歩により、自動車もネットにつながり、走行中の自動車から常にセンサーデータが出てくるような時代になりました。今後販売される自動車は全部そうなると思うんですよ。そうすると、3年後にどれだけの莫大なデータが出てくることになるか、その企業は読んでいるわけです。今の仕組みのままでは絶対無理だというのがわかっていて、そのために当社を採用いただきました。既存の仕組みからの移行になるため少し大変ではあるのですが、その大変さを乗り越えてでも、3年後、5年後のベネフィットは大きい、とおっしゃっています」

—— データを1つにまとめるとどんな良いことがあるのでしょうか?

「従来のデータウェアハウスの仕組みだと、データマートがたくさんできていたと思います。データマートは用途に合わせて、一部をコピーしてマート化するという手法ですが、それだとデータのコピーがたくさんできてしまいます。コピーができた瞬間に、データの鮮度は落ちますよね。そして新しいデータを入れるためにはまたコピーをしないといけないので、アップデートをし続けるための仕組みをつくる必要がありました。これは大変なことです。この状況が各部門で広がると、まさにデータがサイロ化してしまいます。

こうせざるを得なかったのは、今までのテクノロジーで対応できなかったからだといえます。一気にアクセスが集中した時に、1,000人単位のBIユーザーに対応できなかったという現実がありました。苦肉の策でデータをマート化して、『営業部はこれを使ってください、はい200人用』『マーケティングはこちらの100人用を』となってしまうわけです。

こうした制限を取り払うためには、snowflakeのような仕組みをうまく使って、データを1カ所に集める必要があるでしょう。集められれば、

あらゆるデータがそこに蓄積されます。そうすると、見える世界のレベル感、ビジビリティのレベルはぐっと上がってきます。例えば小売業では、お客様データ、購買履歴、Webでの行動パターン、インストアでの行動履歴、店舗ごとのインベントリ、需要予測など様々なデータがあちこちに存在していると思います。つなげなきゃいけないとわかっていてもなかなかつなげられない。さらにデータマートがいっぱい点在してしまうと、もう手がつけられない。経営層は『全部まとめてみたら？』と気軽にいいますが、そんな簡単なものじゃない、という状況だと思います。ですが、そこを1つにする。そうするとやっぱり見えてくる世界がだいぶ違ってくると思います」

—— データを「ためる」世界の変化をどう感じていますか？

「データの扱い方についても大きな変化を感じています。サイロ化などの問題を解消する新しいテクノロジーだけではなく、変革を遂行する組織文化、それを推進するリーダーの実行力などが総合的に重要になってきているのではないでしょうか。
また、更新の頻度も重要になってきています。業務内容にもよりますが、1週間前のデータではなく、少なくとも1日前、できればリアルタイム。そういうデータの鮮度は求められてくるのではないかと思います。クライアントにも、データの鮮度を保たないと、グローバル市場で競争優位性が確保できないのではないですか？という話はよくします。
それから、データタイプの管理。テーブルのかたちになっている構造化データから、JSONのように構造が変わる半構造データ、画像、動画、テキストなどという非構造化データ。これらは人間から見れば全部同じ『データ』ですが、機械からすると全部別物で、統合管理が難しかったのです。今後いろんなタイプのデータを1カ所にため、扱えるように進化させる必要があるのではないかと思います。

Snowflakeは、そこを課題と認識しており、全部のデータをSnowflakeで管理できるようにしようとしています。これはやはり必要なことだし、そうしないと様々なことが詳らかにならないと思います。すでに構造化データに加え、半構造化データもSnowflakeに取り込めるようになっています。一方、写真などの非構造化データはそのまま入れても意味がないので、そのデータが何のデータなのかという属性情報はSnowflakeで管理するようにします。そうすると一応全部管理できる。非構造化データそのものはAmazon S3やストレージに置いてもらい、そこに何が入っていて、どこにあるのかというパスなどはSnowflakeで管理しています。こうすることで、他のデータと合わせて分析ができ、必要な時はそのパスをたどってすぐ元データにアクセスできます。

また、セキュリティの問題も重要です。1カ所にデータを集めれば、ある意味リスクが上がるという方もいらっしゃいますので、アクセスコントロールの重要度が高まります。どの部署でどういう職位の誰がアクセスできるのか、自社だけじゃなくて他社にデータを公開した時に、関連会社はどこまで見られるのか、アクセス権の詳細設定も可能になっています。きめ細かいレコードレベルでのアクセスポリシーの設定をして、アクセス権に合わせて、人によって見られるデータと見られないデータが出てくるということです」

──導入時のポイントを教えてください

「今までオンプレミス型を採用しているという企業様の場合、データをためるところから分析ツールまで全部一緒になっていたところを、DWHの部分だけSnowflakeを導入したいという場合には、やはり自社内でDWHに関する技術力があることが望ましいと思います。
ただ、最近は導入もそれほど難しくなくなってきています。Snowflakeは、BIやETLといった分野ごとの様々なソリューションとも連携してい

ます。エコシステムは日々拡大しており、お客様が利用するツールと組み合わせてSnowflakeをスムーズに導入していただけることを目指しています。お客様自身が独自のツールを利用している場合には、標準のプロトコルで接続が可能です」

## ［図46］Snowflake のエコシステム

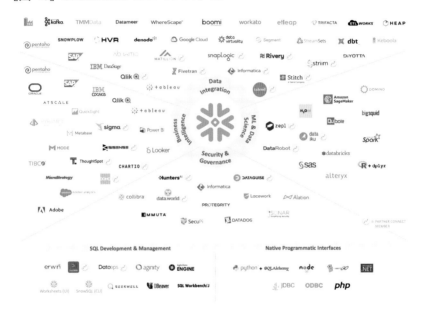

「Snowflakeのひとつの良さは、『イーズ・オブ・ユース』、つまり『使いやすさ』です。
導入をお考えの際には、最初はスモールスタートでもよいと思います。まずはやってみる。事前準備や計画に時間をかけてなかなかスタートできないよりは、まず目の前にある分析の課題を Snowflakeでやってみる。成功したら広げていくという手法が良いと思いますし、それができるのがSnowflakeです。

DWH導入は、これまでは大掛かりな設計が必要で、時間もかかり、データ移行も大変でした。Snowflakeは、もっと気軽に始められる。だから、あまりそこを気にする必要がないと」

── 企業は「ためた」データをどのように活用できるのでしょうか？

「今後のデータ活用の流れとして、1回ためたデータを外部の人たちや関連会社と共有する動きが始まっています。また自社のデータを資産と捉え、データによるマネタイズ戦略など新しい収益モデルとして捉える向きも出てきています。
Snowflakeはデータマーケットプレイスを運営していますが、現在100社以上の企業がデータを公開しており、Snowflakeユーザーであれば誰でもそのデータを使うことができます。今あるデータは株価、天気といった一般的なものが多いのですが、ためたデータがうまく整理できたなら、それをアセットとして収益の柱にしていくということも可能になってくるのではないかと思います」

「ある海外の航空会社の事例ですが、コロナ禍で業績が大幅ダウンし、新たな収益モデルを策定しないといけなくなったそうです。今あるアセットで何ができるかというときに、彼らはロイヤルティプログラムやマイレージを活用できないか、と思いついた。ロイヤルティプログラムやマイレージには色々なデータが関連付けられているので、データを匿名化して販売し、収益化しようと考えているそうです。また海外のある銀行では、顧客データのいわゆるクレジットカード情報や銀行口座情報などの個人情報部分を除外し、匿名のデータでどのような購買履歴があるか、貯蓄があるか、何に消費しているか、といったデータを試験的に販売しようとしている。購買する企業は、そのデータを分析し、自分たちのサービスはどこに出店したらいいか、どういう層をターゲット

したらいいか、などを検討する材料にする。自社のデータだけでは見えないものが、他社のデータを突き合わせると見えてくる。このように世界では大変興味深いデータ活用が行われています。

アメリカだとオプトインが取れていれば、個人情報やEメールアドレスは普通に公開されます。しかし日本では情報公開に関しては心理的・倫理的な壁があるので、安全な範囲に閉じたプライベートな空間でデータの共有や交換ができるように進めています。例えば、小売大手企業に閉じた経済圏のデータマーケットプレイスなどに、もしかしたら物流大手企業や卸し業者なども入ってくるかもしれない。関連会社内にとどまらず、組織や業界業種を超えた経済圏の中でデータが流通したら面白いのではないかと思っています」

# 分析する

## Amplitude

Amplitudeはアメリカ・サンフランシスコに本社を構える分析プラットフォームを提供するユニコーン企業です。「分析する」の位置づけですが、Best of Breedにおいても、グロースマーケティングのまさに中核を担う存在で、アメリカで多くの名だたる企業がAmplitudeを採用しグロースマーケティングを実践しています。

### Amplitude, Inc.　日本カントリーマネジャー
### 米田匡克 氏

三菱電機株式会社情報技術総合研究所で技術者としてキャリアをスタート。Gemstar TV Guideで取締役副社長、Entropic Communicationsで代表取締役社長、Chartboost、LEANPLUMでカントリーマネージャーとして日本代表を歴任。2019年よりグロースハック向けプロダクトアナリティクスを提供する米 Amplitudeの初代日本カントリーマネージャーに就任。

───貴社の事業内容を教えてください

「Amplitudeの大きな特長は『ユーザー行動分析』ができるところです。Amplitudeを導入すると、企業が持つあらゆるデータ、例えば、『Webデータ』『アプリのサービスデータ』『POSデータ』『位置情報』『CSVで保存されたローカルデータ』『BigQueryなどのデータウェアハウス』などを統合し、アプリ、Web、オフラインといったマルチチャネルでのユーザー行動が分析できるようになります。分析したデータはチャートで可視化され、チームメンバーで共有できます。

日本の多くのクライアント様は『我々はデジタルデータを集めて分析をしています』とおっしゃるのですが、よくよく聞いてみると、過去のパフォーマンスの集計しかやっていない場合が多いものです。例えば、過去6カ月間のアクティブユーザー数がどれだけ増えているのか、減っているのか、売上が前年比で増えているのかどうか、などです。こうして集めたデータをフルに活用できているかというと疑問符をつけざるを得ません。
これに対して、我々はデジタルデータを一般的な『過去のパフォーマンスの集計』といった扱い方から、『先行指標』＝『ビジネス成長に向けた次の一手』として活用することを目指しています。GAFAMのような企業はすでにこれを取り入れています。言い換えれば『データのインテリジェンス化』を実現することが可能になります。

この『データのインテリジェンス化』は、必要性に気づくことはできても、どう実現するかという点でこれまでハードルがありました。高度なデータ分析技術が必要となるため、ごく一部の世界的グロース企業でしか実現ができていませんでしたが、Amplitudeでは様々なグロースに成功した企業からヒアリングを行い、高度なデータ分析技術がなくても自

動分析できる仕組みをチャートとして準備することに成功しました。これにより、ユーザーは条件を設定するだけで、世界的なグロース企業が実現している『データのインテリジェンス化』を自社でも実施できるようになったのです。

これを象徴するように、Amplitudeでは自身のサービスを、従来からあった『アナリティクス』『ビジネス・インテリジェンス』とは違う新分野の分析基盤として『プロダクトインテリジェンス』と呼んで分類しています。

この画期的なデータ分析技術により、GAFAMのうちの3社や、グロースで著名なTwitter、Airbnb、Dropbox等を含む4,000を超えるサービスでAmplitudeが利用されています。彼らはデータのインテリジェンス化の必要性に気づいていて、これをもっと自動化したいと思っているからです」

## ── 導入企業の成功事例を教えてください

「ある自動車メーカーは、顧客とのタッチポイントがあまりにも少ないことを課題と感じていました。自動車を購入した顧客が、車との関わり合いにおいてどのようにエンゲージメントを高めているのかを把握したいと思っていても、結局顧客がディーラーに出向くのは、車検の時だとか、メンテナンスの時だとかに限られていました。タッチポイントが極端に少なく、自分の顧客が車をどのように利用しているかの情報が持てていなかったのです。

一方、車の買い替えの商談機会は突然やってきます。『結婚した』『子供が生まれた』といった、その商談機会に合わせた最適なご提案を顧客にしたいと思っていても、そのための十分な情報がなかったのですね。

そこで、この自動車メーカーがとった手段が、アプリをつくり、エンジンの起動、バッテリー、燃料、走行距離等、センサーで取得できるあら

ゆるオフラインデータを収集しAmplitudeへ展開し分析することでした。今や自動車はセンサーの集まりですので、これら自動車の中で取得できるデータをできるだけ吸い上げたわけです。

これにより、顧客がどのようなサイクルで車を利用しているか、いつ頃買い替えタイミングになるのかを車種ごとに分析することができるようになりました。例えば、先月までは朝の通勤で使っていたのが、今月からはお子さんの送り迎えをするようになった、などということがわかるようになったのです。

また、さらに分析を深掘りし、顧客が車のエアコンやサンルーフ等の機能をどのタイミングで利用するかを行動分析することにより、より利便性の高い車内のユーザーエクスペリエンス改善に分析データを利用できるようにもなりました。

DXというとデジタル業界ばかりが注目されるようですが、こうした一見デジタルとは縁遠そうな製造業の世界でもDXできるという好例だと思います」

「別のある企業では、Webやアプリでは電子的にクーポンを、また、実店舗においては印刷したクーポンをと、多種多様なクーポンを提供して、売上向上を図っていました。

印刷したクーポン、アプリ内クーポン、電子メールでのクーポン、どのクーポンが最も売上に効果的だったのかを把握したかったのですが、Webやアプリでのオンライン購買と店舗でのオフライン購買をシームレスに分析することができず、どのチャネルにマーケティング予算を重点的に投下したらよいかを判断できていませんでした。

Amplitudeを導入したことで、オンラインとオフラインデータを統合し、チャネルをまたいでシームレスに分析できるようになりました。どのチャネルでクーポンを展開したら最もユーザーに訴求効果が高く、結果、売上に貢献しているかを確認することができるようになったのです。

これにより、売上向上が実現できたとともに、お得情報をより多くの顧客に認知していただくことで顧客エンゲージメント向上も実現できました」

——データ分析で重要なことは何でしょうか?

「データ分析で大切なことは『スピード』と『回数』です。
まずは『スピード』。課題を抽出し、その課題解決に向けた示唆出しをして、実際に施策を実行し検証する、これがいわゆるグロースエンジンの流れですが、これをとにかく速く回さないといけません。
それから『回数』です。日本企業ですでに取り組まれているケースがあるのですが、その回数は月に1回などというのが普通で、早く回せても週に1回という答えが多いものです。年間1,000回のプロセスを回すようにするためには、1時間以内に課題抽出-示唆出し-施策-検証というスピード感に変えていかないと到底無理ですから、そのためにはオート

メーション化が必要になってくるわけです。

導入を検討されるクライアント様からよくいただくのが、『アプリを入れたいが、そこから何をすればいいのか』という質問です。このようなお客様には、とにかく、『まずは目標を作り、年間1,000回の施策実行ができるようにオートメーション化しましょう』とお答えしています。

アメリカの先進的な企業は2016年の時点ですでに1,000回以上のオーダーで施策を実行していて、自分たちの施策にユーザーがどう反応しているのかを都度、検証しています。1回の検証のことを『学習』といいますが、学習回数が増えれば増えるほど情報は入ってくるので、この学習回数を増やすという点をひとつのポイントと考えています。

AmazonのCEO、ジェフベゾス氏は『実験の回数を100回から1,000回に増やせば、イノベーションの数も劇的に増える』と、学習を重ねる重要性を説いています」

## ── データ分析における組織面の課題を教えてください

「組織面では、データアクセスの民主化が重要です。部門にかかわらず社内の多くの人たちが簡単にデータにアクセスして、それぞれの課題、施策、アイデアを皆で共有できる体制を整えておくことが重要になると思います。

企業のお手伝いをしていていちばん厄介なのが、データが社内のあちこちに散在してしまっているケースです。例えばマーケティングの人たちがAmplitudeの導入を決めたとして、導入時に『こういうデータが欲しいので用意してください』とお願いすると、『そのデータは技術部門が持ってます』『そこは会計部門の管轄なので僕は持ってないんです』と、すぐには入手できないことが多いのです。つまりデータがサイロ化していて、一括で全部見られる環境になっていないのですね。

Amplitudeを導入していただければ、誰でも知りたい情報に瞬時にアクセスし、可視化して分析できるようになります。専門知識がなくても、誰でも使えるこのUIは非常に時間をかけて設計しています。

Amplitudeを使っていただいているある大手企業では、6,000名もの社員の方がAmplitudeを使っていらっしゃる。その人たちは技術者だけでなく、営業、マーケティング、エグゼクティブと様々です。それだけ簡単にアクセスして自分の課題が瞬時に見つけ出せ理解を深めることができる環境がすでに整っています」

── グロースマーケティングを実現するための日本企業の課題をどう感じていますか?

「日本がグロースしきれない1つの大きな課題として感じているのは、データガバナンスの問題です。

例えば、ある人がものを『購入する』という行動があったとします。データを全社で統合したいという時に、アプリから、Webサイトから、店舗からと様々なチャネルでの『購入』データが存在するわけですが、部署によってそのアクション名が『購入』『売上』『決済』『Purchase』などと異なっていることがよくあります。この状態ではデータを統合することができません。データガバナンスとは、体系立てた形で同じ内容は同じ命名規則にすること。例えば『PurchaseItem』に全部統一する、ということが大切です。

アクションが発火する条件設定に関しても同じことがいえます。アプリの場合は購入ボタンが押された時、Webの場合はサンキューページに到達した時、オフラインの場合はレジでお金を払った時。これを全部『PurchaseItem』に紐付け設定しないと、データを正しく整理できません。これらを統一して紐付けできれば、あらゆる環境における『購買』というユーザー行動を統一して『PurchaseItem』と表現できるようになりま

すし、複数の環境で得られたデータを統合して分析ができるようになります。ユーザー行動を統一すると、例えば、ユーザーが購買に至るまでのジャーニーをオンラインかオフラインかに影響されることなく、シームレスに可視化することができるようになります。ひいては『購入する可能性の高い予兆行動』も発見できるようになるということです。

日本でもDXが叫ばれてきて、多くの企業がデジタルデータを取得しています。例えばWeb関連のクライアントから『アクセスログを全部BigQueryに入れています』というお話は聞くのですが、そのアクセスログは集計にしか使ってない。なぜか聞いてみると、結局このデータガバナンスがなされていないことが原因だったりします。ですので我々は、まず第1歩として、データを意味のある行動データに変えるお手伝いをしています。これをタクソノミー設計といいます」

## ── データの民主化を実現するために必要なことは何でしょう？

「例えばあるコンテンツサービスの事業があったとして施策を検討する場合、その会社自体がコンテンツの知的財産権を全部持っておらず、権利者それぞれにお伺いを立てて進めなければならないこともあります。そういう場合はどうしてもデータは分散せざるを得ないということもあるでしょう。

また、データを保持している部門同士で、『これは俺達のデータだからお前には見せない』という部門間の綱引きもあると聞きます。本来そういう壁を取り払って、全社皆にオープンにして、皆で意見をいい合える風土になるべきですし、それがグロースマインドセットだと考えます。

データガバナンスがうまく進まない一因としては、最近のIT利用でいうと、IT部門よりも利用部門が主導権を持って、様々な部門がそれぞれの外注会社を使っているケースがあります。これが名称の統制やアクション発火のポイントを全社で統合することが難しくなっている遠因か

もしれません。

これらの問題は、組織上の問題として根本から解決を図らなければならない話です。アメリカですと『データガバナンスチーム』が設置されていて、命名規則もふくめたデータのポリシー、品質、ルールを管理するような体制ができています。部署でデータを運用する時には、まずそのデータガバナンスチームにお伺いを立てなければいけないわけです。日本もいずれは、そのような組織的な対応で管理していかなければならないのではないでしょうか。

これまでの日本の情報システム部門は、例えばサーバーの導入、システムの導入といった、どちらかというと『入れる』ことに関して統制する面が強かったと思います。しかしこれからはデータの使い方の統制もミッションとして視野に入れるべきだと思います。

利用部門の声が強くなって、部署ごとに使いやすい製品を導入したり、導入したいという声が社内に届きやすい風潮になること自体は、組織としての権限を部署に委譲していくという意味では悪くないとは思います。しかし、誰かがちゃんと全体を見て、統制を取っていかなければならない。英語で『ウェル・オーガナイズド』（wellorganized）といいますが、責任者・責任部門を作っておかないと、おそらくてんでバラバラになってしまうのではないかと思います」

── 導入を検討している方々へのメッセージをお願いします

「導入を検討している方々、あるいは逡巡されている方に、最後にいっておきたいこととして、実は我々の最大の競合は『ステータスクオ』（StatusQuo）です。これは不思議な英語なのですが、『何もしない』『先送り』という企業の風潮を意味しています。

── 課題がいっぱいある。なんとかしなくちゃいけないんだけどね、忙

しいし……

　先ほどご説明したように、理想的には全社を動かし、組織から変えてい
く、部署を作って対応するということが必要だということは実感してい
ても、いざ取り組むとなると『果たして誰が旗を振るの？』という現実
に直面してしまうことがあります。言ってみれば、導入するということ
を少し重く考えすぎて、結局、問題を先送りしてしまう、という悪循環
です。
　私は、まずはトライしてみることが大切だと思います。自社の課題を解
決しなくてはという踏ん切りがやはり重要なのではないでしょうか。
　Amplitudeは日本マーケットでDearOneさんと協力し、導入の相談から、
データ処理、分析コンサル、指標設計、示唆出し、人的支援まで一気通
貫でサポートを提供することが可能で、POCメニューという無料スター
トプランもご用意しています。それを体験していただくと、大掛かりな
導入の手間を経なくても、人を大量に採用しなくても、意外と簡単に使
えるようになるんだなということが実感していただけると思います。既
存データで、デジタルトランスフォーメーションの一端が体験できたら、
そこから少し予算をつけて、拡大していくということも可能だと思いま
す。
　少なくとも、日本においてはまだその段階だと思います。アメリカはも
う3〜4年くらい進んでいるので、そういった経験がすでに終わってい
て、さらに組織的な取り組みを磨き上げるフェーズにありますが、日本
が今そこから入ってしまうと重くなって、結局先送りになってしまう気
がします。まずは試してみるというのが重要だと思います」

# つかう

# Salesforce

セールスフォース・ドットコムは、米国カリフォルニア州に本社を置く企業です。日本法人は2000年に設立。以降、営業支援システムの代表的プラットフォームとして、国内シェアは60.4%を占めています（米国ガートナー調べ）。MAツール「マーケティングクラウド」で、グロースマーケティングの実践を日々、クライアントに提案しています。

株式会社セールスフォース・ドットコム 専務執行役員
笹 俊文 氏

1990年プライス・ウォーターハウス入社。JD Edwards（現・日本オラクル）、日本アリバ（現・SAP Ariba）、インフォアジャパンなどを経て、2011年よりセールスフォース・ドットコムに参画。公共・金融業界を担当する営業技術部を統括し、2014年6月よりMarketing Cloud本部を立ち上げ、現在はB2C Digital Marketing/Commerceのソリューション事業部を統括。

**―― まずは御社と御社のサービスについて教えてください**

「株式会社セールスフォース・ドットコムは、2000年の日本法人設立から21年間、一貫していわゆるCRMと呼ばれている顧客関係マネジメントのソリューションをなりわいにしている会社です。

21年前の創業の頃は基本的に対面営業が主流で、企業とお客様との接点の中心は営業部門でした。したがって、その中に入ってくる情報を一元管理し、これを分析し、クライアントが打つべき次の一手を営業部門が提案するというビジネスでスタートしたため、企業名に『セールス』というワードが入っているわけです。

その後お客様との関係構築の観点で、『売ったら売ったきり』では駄目だということで、セールス分野からサポート分野、例えばコールセンター、アフターセールスといった部分にサービスを広げました。

営業部問とコールセンターはお客様との2大対面接点と言えますが、10年ほど前から、新たにデジタルという接点が普及してきました。B to Cのデジタルでの顧客接点はEメールに始まり、モバイルが普及し、メッセージアプリも浸透してきました。そんな中、弊社はMAツール『マーケティングクラウド』をリリースし、対面の接点だけではなく、デジタルの接点も網羅するように進化してきました。

マーケティングクラウドをリリースした2014年は、B to B、B to C両方で『マーケティングオートメーション（MA）』が業界内でバズワードとなり、流行っていた頃です。モバイルのデバイスが個人にかなり普及していく中で、私どもの他にも、Marketoさん、Adobeさんなど、各社が一斉に国内への展開を始めた時期でした。

弊社はその後、2016年にはEコマースのSaaSのベンダー企業も買収して、お客様と企業の接点を360度、弊社のソリューションでカバーしようとしてきました。

B to Cにおいては、マーケティングクラウド、コマースクラウドを中心

に、お客様との接点改革をご支援しています」

—— ユーザーとのコミュニケーションにおいて何がいちばん大切ですか?

「マーケティングクラウドの提供にあたり、弊社ではよく『4R』の観点を重視することをご提案しています。4Rとは4つのRight、『適切な相手に』『適切なタイミングで』『適切なコンテンツを』『適切なチャネル』でお伝えしていくことが非常に重要だということを示しています。
お客様によって、適切なエンゲージメントチャネルがモバイルアプリのアプリPushの場合もあれば、Eメールの場合もあります。例えば、何か商材を宣伝したい時、Eメールで送ったとしましょう。そこでは見てくれた人と見てくれていない人が発生します。次に、見てくれた人にはこのコンテンツ、見てくれていない人にはこのコンテンツと内容を変えてアプローチすることになりますが、見てくれていない人に前回と同様にメールで送ったとしても、見てもらえる確率は低いでしょう。そこで、今度はLINEなど、別のチャネルでアプローチすることが考えられます。こういった『ジャーニー』を連鎖させて4Rを実現する、これが7年前に打ち出した新しい技術的なプラットフォームとしてのコンセプトでした。同時に、日本は、オリンピックでも話題になった『おもてなし』の精神、すなわち、『お客様に言われる前に、こちらから提供してあげる』という文化が非常に強い国でしたので、この4Rを基軸に、消費者が頼まなくても、次の一手、次の一手をジャーニーとしてしっかり実現できるようにエンゲージメント設計することを重視したところ、これがお客様にも受け入れられ、広くご利用いただけるようになりました。そこでの手順はやはり、『データをため』『お客様を理解し』『そのお客様が必要なものをタイミングと内容を見極め』『適切なチャネルで相手に情報を届けていく』というところになるかと思います」

──販促分野においてコミュニケーションの取り方はどう変わっていま
　すか?

「マーケティングクラウドをリリースした7年前には、いわゆる『デジマ』
という言葉がよく叫ばれていて、とにかくデジタルで物事を解決しよう、
という動きが大きかったのですが、実際にお客様のジャーニーを見ると、
ある部分はデジタルで情報提供できても、ある部分は対面でないと情報
提供できないような面があることがわかります。昨今ではOMOという
考えも知られるようになりましたが、例えばボルボさんなどのように、
新車種をすべてEVにし、全面ネット販売に切り替えるようになったと
しても、やはり最終的な購買段階では「試乗」というリアルな体験が大
事で、ここではオフラインでの接点が絡んできます。この接点について
はデジタルだけでは解決できませんから、やはり店舗、営業担当、コー
ルセンターというところも、このお客様のジャーニーのフローに入って
くると思います。
これらのチャネルをどう組み合わせていくかが、ユーザーとのコミュニ
ケーションではとても重要です。7年前には『オフラインとオンライン、
どちらが正解か?』という一極に偏って考えがちだったように思います
が、ここは決して0か1かではなく、お客様が最も心地よい体験を生み
出すジャーニーを、チャネルの制約を取り払ってどう作っていくかとい
うことが、極めて重要になってきていると思います。
また、スーパーマーケットなどで、Eコマースで物は頼むけれど、すぐ
に手に入れたいから商品は出向いて取りに行く、というニーズもありま
す。こうしたオンラインとオフラインを組み合わせてコミュニケーショ
ンを考えることが重要になってきています。
オンラインでの購入、送品や売掛する場合は、デバイス画面のどこを操
作したのか、いつサイトに来訪したのかといった情報は取得しやすいも

のです。しかし、お店に来訪して以降の接点がお店の接客担当任せになってしまうと、顧客データのうちオフラインの部分が欠けてしまうことになります。

この時、利便性の面で不利益を被るのは消費者です。お客様はオンラインとオフラインを切り分けて考えてはくれません。企業としてこれらを一連の流れとして管理し、お客様とのお付き合いをオンラインとオフラインの境目なく実現していかなければならない時代に入ったと感じます。ただ、現状の日本企業では、オンライン、オフラインを上手に統合できている企業となると、大企業からB to C系の企業を1,000社ピックアップしたとしても、10％いけばいい方ではないでしょうか」

── オンラインとオフラインをマージして、どうコミュニケーション設計するかについて、御社として気をつけていることはありますか？

「コミュニケーションには、購入までのプロモーションに関連するコミュニケーションと、購入後、使っていただいてファンになっていただくという、いわゆる『エンゲージメント』に関するコミュニケーションの2つがあると思っています。この両立を考えなければ、LTVが上がっていくと思えません。製品のプロモーションキャンペーンだけではなく、購入後のコミュニケーションでデジタルをうまく活用するところまでやらないといけないということです。

例えば、私がかつて一眼レフカメラを購入した時、機能や周辺機材がやたら多くて辟易したことがありました。一人前に一眼レフを使いこなそうとすると、ISOやホワイトバランスといった撮影に関する基礎知識を理解・習得しなければなりませんし、遠くの被写体を撮りたい時には望遠レンズを、背景のボケた被写界深度の浅い写真を撮るためにはF値の小さいレンズと、取替え用レンズを別途揃えなければなりません。結局そうやって周辺機材を揃えていくと、もうメーカーごとの違いはわから

なくなってくるわけです。最初の購入の接点から、引き続きずっと自社製品を購入し続けてもらうためには、やはり購入後のジャーニーが大切になってきます。ユーザーも、最初にマニュアルをどっさりともらうだけでは、そのメーカーのファンにはなれないでしょう。ですから、例えば購入1週間後ぐらいにはISOの説明をしてこれを習得してもらい、1カ月ぐらい経った時に今度はホワイトバランスの説明をする、2カ月目ぐらいにやっと新しいレンズを紹介していく、というふうに、ユーザーの習得をサポートする方法もあると思います。このように、エンゲージメントは、モノを売るキャンペーンだけではなく、そのモノを使っていく過程にも生まれるものだと思います。

さらに、4Rの観点でいうと、例えば10月の第1週末というのは、昔から学校の運動会が開催される時期で、今でもお子様をお持ちの多くの方が、運動会に応援・観覧に行く日です。カメラを買ってくれた日本全国のユーザーのお父さんに対し、その日の天気が曇りの地方にいる方には曇り時の絞りの切り方をLINE経由で送ってあげたりすると、お父さんたちにも喜ばれるのではないでしょうか。

これは一例ですが、こうした施策は4Rのなかでもデジタルが得意とするところで、こうしたことを各エリア・各業種にこの7年ご提供してきました」

―― これからはエンゲージメントをきちんと設計することが重要ということでしょうか?

「はい。そう思います。さらに米国では、キャンペーンごとの分析は当然やっていますが、『コホート分析』という分析手法も実施され始めています。私たちのユーザーでよく見かけるのは『メンバーになって1年目』コホート、『メンバーになって2年目』コホート、『メンバーになって3年目』コホート……と、5年目コホートぐらいまでを見て、そのコホート

の平均消費額を追跡するというものです。平均消費額が右肩上がりにならなければ、LTVの実現に至っていないと言えるわけです。エンゲージメントがしっかりと高まって、ユーザーにより高い製品を購入してもらえるようになる、また別の製品を購入してもらえるようになる、といった、すなわちアップセルとクロスセル両面の視点でのコホート分析を、皆さん意識され始めているという感覚はあります」

**——LTVを重視するマーケティングについて、日本の現状はいかがですか?**

「日本の場合、新しい製品が出た際に、キャンペーンを実施した後、そのプロダクトアウト視点での評価というものはなされているとは思います。しかし、皆さん『LTV』という言葉を掲げてはいるものの、顧客を育てていくという視点での評価はまだ定まっておらず、まだまだ十把一からげの『1ユーザー平均購買価格』という見方をしているケースが多いのではないかと思います。

ここは今から変わっていくのだろうとは思います。今後、少子化もさらに進みますし、コロナ禍の折、はっと驚く商品との出会いがなくなっている中では、どうしてもユーザーの志向は『定番』に寄っていくわけです。そんな中で、一度お客様をつかんだら離さないというような、言い換えればその方の『定番』にどうやってなっていくかを考えることがとても重要ですが、現段階では、欧米と比べるとまだ発展途上かなと思います。

ただ、デジタルに遅れたと言われた代理店も、昨今はやっと変わってきたかなという感じもしますし、これまでプロダクトアウト視点だった企業の考え方も今後、変わってくるものと思っています。

食材系、酒類など地方のブランドを見ても、コロナの影響で東京圏で人々が出歩かなくなり店にお客様が来ないと、いわゆるB to B系の流通

経路がかなり下火になってしまい、出荷が滞るという現状があります。そのため今後はB to Cでダイレクトにブランドを訴求することが重要だろうと思います」

── メーカーが自社ブランドを訴求する場合、エンゲージメントをどう創出していくかは本当に重要ですね

「はい。エンゲージメントを考える時に、『モノ売りからコト売り』という言葉が使われますが、この『コト』とは『自分ごと』だと考えています。『モノの売りから自分ごと売り』、すなわちOne to Oneマーケティングです。

例えば、ある地方を宣伝して近隣の人たちを集客しようとする場合、その人たちが食を楽しみに来るのか、子供のために自然を楽しみにくるのか、ということは個々に異なります。それぞれ個別に訴求していくには、やはりOne to Oneで仕掛けなければなりません。したがって、かつてのように自社サービス群をホームページにずらっと並べて、『見たいところを見てください』と提示する時代はもう確実に終わったのではないかと思います。皆さん、ホームページを上から下まで全部見るほど時間を割いてくれませんから。

そう考えると、例えば家族連れが訪れる日が雨だった場合、インドアで家族で楽しめるスポットなどの情報を瞬時に渡せるようでないと、『コト売り』の実現にはならないわけです。顧客とデジタルで繋がった中で、顧客が今まで体験してこなかった体験を提供するには、シチュエーションと顧客のデモグラフィックデータが大切で、そうしたデータが見られるのはデジタルの強みです」

── 企業側は、顧客が何を求めているかを想像してコミュニケーション設計をしていく必要があるということでしょうか?

「そうです。そう考えると、日本企業古来の組織編成も変えていかなければならないと思います。これまでは組織の中に「店舗●●担当」という人がいて店舗の設計から店舗の接客を見ている、一方デジタルの分野では「Eメール担当」「LINE担当」といった人がいてそれぞれの顧客接点を見ている、といった分担がありました。これはお客様をどこで接客するかという視点での役割分担ですが、お客様の要望を叶えるサービスを提供するという視点でいうと、チャネル横断的にコミュニケーションをとる必要があります。複数の顧客接点をオーケストレーションをする担当、司令塔が必要なのです。先ほどの家族連れの例で言えば、雨が降った場合の情報提供でも、ある世代はLINE通知で満足するかもしれませんし、ある世代は電話でないと満足しないかもしれません。これらをLINE担当、コールセンター担当、メール担当と分けていたのでは、十分なコミュニケーションの連携がとれないと思います。これからのマーケターに、カスタマーエクスペリエンスの全体像を見るリーダーとしての期待が高まってきていると思います。

弊社の製品では、オフライン、オンラインをシームレスに統合して、どこでコミュニケーションが発生しても、データが蓄積できます。データウェアハウスでためこまれたデータをコンテキストとして、『見える化』するところが弊社の強みであり、私たちのソリューションが生きてくるところかと思います」

── 日本の現状として、各種ツールは揃ってきてはいるものの、多くの
　　企業がまだ今 一歩踏み出せていない現状があると思います

「今後、旧来のプロダクトアウトの思想で『既存顧客が離れても新規顧客が入ってくればいい』という対応では企業はまず立ち行かなくなると思います。少子化でパイが縮小する国内市場では、同時にユーザーの嗜

好が非常に多様化しています。

もちろん企業の目指す方向も確実に変わってきていると思います。ただやはりそこから一歩踏み出すためには、やはり組織の変革、リテラシーの向上、そしてカスタマーエクスペリエンスが今後の経営課題の命題なのだという経営者の意識。こういった点がカギになってくると考えます。

さらに思うのは、海外市場を視野に入れた時、日本のような単一民族国家は非常に少なく、多民族国家の方が多数派です。そうなると、より一層『自分ごと』という観点で、それぞれの人種の背景も踏まえた上でコミュニケーションしなければならなくなるでしょう。

今後日本の企業が業績を高めていくためには、既存の顧客からより売上を上げるか、新しいマーケットに進出するかしかありません。ご説明したようにこの両面いずれにしてもOne to Oneマーケティングが必須になってくるのです」

第 **6** 章

# 実践企業に学ぶグロースマーケティング

# GROWTH
# MARKETING

本章では、グロースマーケティングの最先端を行くアメリカで、実際にどのようなことが起こっているのかをご紹介します。行動分析ツールを提供するAmplitudeでパートナーシップ・カスタマーサービスリーダーを担当するDanny Leung氏から、ご自身が担当したあるSaaS企業でのグロースマーケティング事例に関してお聞きしました。

# Danny Leung 氏

シニア チャネル パートナー マネージャー

Amplitude Analyticsにおけるパートナーシップ・カスタマーサービス リーダー。シリコンバレーで10年以上、業界を変えるマーケティングテクノロジーを専門としており、顧客に情熱を注ぎ、最高のユーザー体験を提供するために、テクノロジーに投資することを信条としています。

——今回お話をお聞きするSaaS企業がグロースマーケティングを進め
　たいと考えるようになった背景には何があるのでしょうか？

DannyLeung：アメリカでは、多くの企業がSaaS型のビジネスモデルに
移行しています。かつては、ソフトウェアの大多数はディスクを購入し、
コンピューターにダウンロードし、その後はローカルマシンに置かれる
というものでした。ソフトウェア導入のあり方が急激に変化した現在、
もはやこうした手順を踏む必要はありません。

あらゆる人にとって、この過程を一変させたのが、例えばセールス
フォース(Salesforce.com)を始めとするクラウド・インフラストラク
チャーの数々です。今やソフトウェアをダウンロードしてオンプレミス
のソリューションを設けるのではなく、クラウドベースのソリューショ
ンを使用できます。このようなクラウドベースのソリューションが、
SaaS業界の興隆につながったようなものです。

この潮流に乗っている企業のひとつが、金融系サービスを提供するA社
です。

同社のソフトウェアは、元々は店舗で販売されていました。ユーザーは
店舗を訪れ、CDという形でソフトウェアを購入し、コンピューターに
インストールしていたのです。ソフトウェアはコンピューター上で作動
していました。この状態では、問題が多数ありました。コンピューター
が故障したら持っていた情報をすべて失います。コンピューターを盗ま
れれば、やはり全情報を失います。ソフトウェアが古くなったら、新
バージョンを購入する必要があります。

A社は、会社全体として新たな収益源を模索していました。どうすれば
収益を増加しつつ、素晴らしいサービスを提供し続けることができるか。
同社の製品は、アメリカなどでの最高の小規模ビジネス用財務管理ソフ
トウェアを目指しています。そこで、同社はオンライン展開に切り替え

ました。すなわち、ユーザーは、これまでのように1、2回または数年に一度、ソフトウェアを購入するのではなく、サブスクリプション料金を支払うようになったのです。

特筆すべきことは、ハードディスク、CD、大容量のZipディスクなどにデータをバックアップする代わりに、データにすべてオンラインで、どこからでもアクセスできるようになったことです。また、ユーザーは、高額な一回払いではなく、はるかに少額の料金を毎月、支払うことになりました。金額を合計すると、一度限りの対価よりはおそらく高くなります。しかし、企業にとっては好ましいことです。ユーザー側のメリットとしては、情報にどこからでもアクセスできることなどがあります。その後、同社は新しいアプリケーションや、さらに多くのサービスをリリースしましたが、SaaSという形態は、同社のビジネスモデルにとって極めて効果的でした。同社のビジネスモデルは、「オンプレミスでローカル」からクラウドベースのSaaSへと変化したのです。

A社がグロースマーケティングへと舵を切り始めたのには、これまでに述べたSaaS型ビジネスモデルへの変革と大いに関係があります。以前はソフトウェア販売店が製品の流通の中核を担っていました。ユーザーは店舗を訪れ、箱入りのソフトを購入し、帰宅してインストールしていました。今や、流通の中心はオンラインです。自らソフトウェアをダウンロードし、新しいビジネスをすぐに開始できます。ソフトウェア流通の場に様々な変化が生じたことに伴い、多様な購入、導入、活用の手法が可能になりました。これを受け、同社はグロース（成長）戦略を検討する必要が生じたのです。焦点は、もはやどのビジネス誌にいかに広告展開し、ソフトウェア販売店で売りさばくかではなく、潜在的なユーザーがいる場所にどうやって訴求していくかであり、その場所は「オンライン」なのです。ユーザーにいかに素早く商品購入してもらうか、これも同様に「オンライン」での話になります。

——企業側から見ても、ユーザーの反応を把握することが重要でしょう。ユーザーの行動データを収集し、それに基づく、今までと異なる考え方もできるのではないでしょうか?

DannyLeung：以前、ソフトウェアがオンプレミス型で利用されている時には、企業はユーザーが何をしているのか、わかりませんでした。わずか20年前は、ソフトウェアの改修や、新バージョンの設計の際には、まずユーザーに電話をかけていました。ユーザーを現場に呼び、ソフトウェアを使用してもらい、「これはわかりますか?」「必要な操作はできましたか?」などと尋ねていたのです。効率の悪いプロセスでした。しかも、1人の人間が1週間に話を聞くことができる人数には限りがあります。

「グロースマーケティング」がこれについて非常に有効だった理由がわかりますか?　グロースマーケティングを行うことで、ユーザーの行動を真に理解できるからです。もはや「これはうまくいくだろうか」と考える必要はありません。ユーザーの行動過程のある時点を設定し、行動を目で確認できるのです。オンボーディングの開始から終了までで考えると、ユーザーがオンボーディング・プロセスを最後まで完了しているか、また、どこかで立ち往生していないかを把握することができるのです。以前であれば、まったく見当のつかなかったことです。話を聞けるのは、かつては数人、多くても100人くらいでしたからね。

現在では、企業は顧客基盤全体を対象に、オンボーディングにおけるユーザーの進捗状況についてテストを行えます。リアルタイムでも可能です。企業は自社のオンボーディングの過程、例えばユーザーが立ち止まってしまうステップなどを理解することができます。次に、オンボーディングを完了できる□□□を増やすべく、こうした障壁を徹底的に改善することが可能です。オンボーディングを終える人が増えれば増え

るほど、自社の製品を使用する人数も増加します。ユーザー数が向上すれば、理論的には製品の購入者数も伸びていることになり、結果、企業の収益が向上します。これが、グロースマーケティングにおいてユーザーの「行動」を理解することが極めて大切な理由です。

A社では、プロモーション施策の一環として、無料トライアルを用意しています。A社としては、ユーザーの状況を調べ、無料トライアルを利用している人たちから、有料のサブスクリプションへ移行する可能性の高いユーザーグループを分類したいと考えるでしょう。このシステムを利用すると、「ユーザーは登録を完了できたか?」「登録完了後にユーザーがとった行動は?」「ユーザーは無事、サービスを立ち上げることができたか?」ということがわかります。また、ユーザーがサービスを利用して請求書を適切に入力できたかもわかります。これらの事項を確認できたら、そのユーザーは良いユーザーであり、有料ユーザーへのコンバージョンを図るべきだということが明らかになります。次はそのユーザーをターゲティングし、製品内で他にも実施できることを理解してもらえるよう支援します。そうすれば、ユーザーは実際に製品を購入し、サブスクリプションに加入するでしょう。

一方で、先ほど話していた通り、オンボーディングに焦点を当てることも手です。例えば、あるユーザーがサービスを立ち上げ、オンボーディングのプロセスを完了して必要情報も入力したものの、他には何の行動も取らなかったことがわかったとします。そのユーザーは口座の開設や、請求書の閲覧を試みましたが、実行には移さなかった…。ユーザーがやろうとしてできなかった事項を確認できれば、このようなユーザーを対象にターゲティングを実施できます。「お手伝いしましょう」「ヘルプの手順に従ってください」とアプローチできるでしょう。必要に応じてユーザーに電話をかけてサポートすることも可能です。

コンバージョンを向上させるためにできることは、多々あります。コンバージョンが増加すれば最終収益も伸びます。

つまり、グロースマーケティングを用いることで、適切な施策を行えば、いずれ収益に還元できるということです。自社の製品内で、ユーザーがコンバージョンに至る可能性を高めることにつながる反復的な行動が明らかになり、それが最終収益の拡大に寄与するからです。結果、サービスに対しお金を払う人が増えます。

——より詳しく伺いたい重要な点があります。企業がSaaSに移行し、ユーザーデータを取得した時に、企業としては、そのデータは遅行指標として使う過去のパフォーマンスに関する単なるデータの集合体ではなく、「未来」を示唆するものだ、という認識を持つ必要があると思っています。つまり、デジタルデータの活用に関する「考え方の変化」です。アメリカでは、この重要な転換点をいつ迎えたのでしょうか?

DannyLeung：アメリカではすでに転換点は迎えており、認識変化の最終段階にあるといえます。ただ、二分化した状態にあります。ベイエリア（サンフランシスコ・ベイエリア）に拠点を置く企業の考え方は非常に先進的で、多くの企業が近年、そのような思考になっています。一方、旧来型の手法を取ってきた企業も数多くあります。すなわち、「次にやるべきことは?」「測定する必要があるものは?」ということを模索しない人もいます。しかし、「すべての要素を測定するべきだ」「何も測定しなければ、何も理解することができない」と考える人や企業はますます増えています。今や、各種の傾向を知る以前に、優れたデータ構造を設けることが必須という段階にあります。

このアプローチを開始するにあたり、企業が自らに問うべきことのひとつに「自社製品のオンボーディング・プロセスはどのような状態か? 維持すべきか、改善すべきか?」という質問が挙げられます。あるいは「カリフォルニアのユーザーはコンバージョンに至る可能性が他より

10%高い」という点にまで踏み込んで調べることもあり得ます。これは「次の質問」といってもよく、裏付けをとるにはさらにグロースマーケティングを進めるべきです。

そのためには、適切なデータ構造を設ける、最適なチームを編成する、そのチームがデータに対し好奇心旺盛である、といったことが必要です。すでにグロースマーケティングを実践している企業の多くでも、たった1人の人間が動いているのではだめで、まず適切なカルチャーを醸成する必要があることがわかります。最初は1人の人間とそのチーム、次にそのチームと他のチームが共にデータを調査し始めます。あくまで初めは数人の中核的な人たちからスタートするということです。データを適切に確立した後、データに対する好奇心を社内に広げて初めて、さらに多くの「質問」が相次いで浮かぶようになります。

A社の例でいうと、同社は、ユーザーが、同社のサービスを活用し、請求書の送信や、請求書に対する支払いを1アクションで行うだろうと考えていました。これについて測定を続けたところ、ユーザーは期待通りの行動を取っていなかったことに気づきました。この現象を確認した同社は「何が起きたのか?」と繰り返し考えました。結果として、ユーザーは同社が想定した手段を取らず、請求書を「ダウンロード」して「メールで送信」していたことが判明しました。請求書を顧客にメールで送っていたのです。

そこで、ユーザーが請求書をEメール経由で送信する代わりになるプラグインを開発しました。ユーザーが製品内で「Gmailに送信」を選択するとメールが開き、そのまま送信できるようにしたのです。こうすることで、ユーザーにとっての製品の価値は高まります。同社は用意した機能がなぜ使われないのかと考え、データを調べ始めたところ、原因を把握できました。そして、原因を取り除くために製品を改修し、結果とし

て、その機能を使うユーザーが増加したのです。

**——次にマーケティング活動について伺いたいと思います。最も大事な
マーケティング活動をいくつか挙げるとすれば何だと思われます
か?**

DannyLeung：それは、適切なツールを導入することです。ツールは人
の能力を向上させるからです。製品の様々な機能を理解し、それぞれに
ついて取るべきアクションを把握するとともに、エンドユーザーである
顧客とのエンゲージメントを実現するためには、適切なツールが欠かせ
ません。もちろん、人材を適材適所に配置することも必要で、そういう
思考をトレーニングさせることも必要ですが、大前提として、適切な
ツールの導入が必須です。

もうひとつの要素として、チーム構造があります。メンバーが同じチー
ムに属している、または同じ製品に取り組んでいること。メンバー全員
が、マーケティングか製品のいずれかに特化しているか否かにかかわら
ず、それぞれが交わる何かしらの接点が必要です。グロースマーケティ
ングでは、マーケター、プロダクトオーナー、アナリストが、共同で製
品の特定の機能の改善を図ります。
プロダクトマネージャーやプロダクトオーナーなど、1人の人間がアイ
デアを持っていることもあり得ます。しかし、その人物には背景にある
マーケティング戦略を理解する力が求められるため、マーケティング
チームと緊密に協業せねばなりません。また、全量データを解釈する方
法も知っているべきです。データの解釈をサポートするのがアナリスト
です。マーケター、プロダクトオーナー、アナリストが共に設ける指標
を定めることができれば、目標達成に取り組むことができるようになり
ます。

適切なチーム編成、適切なツールの整備、加えて絶えず指標に対する進捗を測定することが肝要です。ツールがあり、人材がいても、行動が伴わねば意味がありません。「このキャンペーンを開始します。30%のユーザーがリピート訪問すると予想しています」と、積極的に発言すべきです。確かな指標を設定し、最適なチーム構造を実現すると同時に適切なツールを整備することが大切です。

──ツールと人材についてもう少し伺いたいと思います。マーケティングオートメーションのツールは市場に多々、出回っています。アナリティクスもそのひとつですが、日本ではマーケティングオートメーションについて聞くと、アナリティクス、CDPやエンゲージメントプラットフォームであるCRMという回答が多く返ってきます。マーケターは、マーケティングオートメーションの主なツールはこの3つと考えているようですが、アメリカも同様ですか?

DannyLeung：はい、そうですね。中核を占めると言ってよいと思います。誰もが顧客とのエンゲージメントを図りたいと考えるので、そこはエンゲージメントツールまたはCRMツールということになります。また、企業は自社の製品内でユーザーがどのような行動をとっているのかを理解したいと考えますが、これにはアナリティクスツールが必要です。さらに、データの収集ツールが挙げられます。企業はCDPなど様々なツールを使用し、データを収集していますが、これらすべてが連携して機能します。

そこから、例えばアトリビューションツールなど、他のツールも検討するでしょう。企業にとって、自社のユーザーがどこから流入したか、また、自社が投入した金額は、投資として適切だったかを知ることが非常

に重要であれば、アトリビューションを注視することもできます。活動が高度化するにつれ、ツールを追加することもあるでしょう。例えば、実験を行う際に用いる適切なフィーチャーフラグ(別称「リモートコンフィグ」。アプリを再ビルドせずに、管理画面でフラグをオン/オフできる機能)のツールです。これにより、「来週、成功したエクスペリエンスをグローバル展開するため」、テストとして「Aグループにはこのエクスペリエンスを」「Bグループには別のエクスペリエンスを」提供する、と明確に発信できるようになります。こうしたことを実現する適切なツールがあれば、アイデアを実現したり、仮説を検証したり、また実験したりする上で大いに役立ちます。効果の出る活動を実行するには、このように様々なツールが必須なのです。

**──フィーチャーフラグに触れられましたが、まだ日本では普及していません。アメリカでの状況はどうでしょうか?**

DannyLeung:ほぼすべての大手企業、特にD2C企業は、すでにフィーチャーフラグを実践しています。D2Cでは、ユーザーに製品をモバイルフォンにダウンロードしたり購入したりしてもらうチャンスは、一度しかありません。一回限りの機会であれば、打つ手は確実なものにする必要があります。大手ゲーム企業の多くが大市場で製品ローンチを行っていますが、こうした市場ではさほど収益を得られません。

このため、企業はまずブラジルやオーストラリアで試験的なローンチを行います。現地でのテストの結果、ユーザーの行動の仕方を理解できます。ただ、目的ははるかに大規模かつグローバルなローンチです。したがって、ゲーム企業などは製品をまずはブラジルでテスト販売し、浮上した課題をすべて解決した1カ月後に、日本やアメリカでローンチを行う、ということもあるでしょう。

グロースマーケティングを非常に際立たせるものが、フィーチャーフラグです。この段階に到達し、フィーチャーフラグを効果的に実行できれば、コンバージョンやユーザーベース、リテンションにおいて数ポイントの差を生むことも可能です。リテンションは重要な要素です。ユーザーは良いエクスペリエンスを体験し、楽しむことができ、エンゲージメントも図れたため、再訪して製品を使用するのです。これはまた、遅行指標としての機能も果たします。つまり、企業にとっては収益増加です。

──人材はどうでしょう？　日本では、マーケティングチームはマーケターのみで構成されており、マーケターがどのような役割を担うべきか明確ではありません。アメリカではグロースに特化したチームがあり、チーム内ではグロースに限らず、アーキテクトや、他の役割を持つ人と関わる必要があると思います。グロースマーケティングに最適なチームを編成する上で、どのような課題があると見ていますか？

DannyLeung：データに対する好奇心があり、データを理解したいと考える人を発見することがすべてです。探すのが最も困難なもののひとつが人材だと思います。グロースマーケティングを開始するためには、製品や業界、他にも必要なことを熟知している最適な人材を特定するべきです。
同様に、データを駆使し、データに対する好奇心が旺盛なカルチャーを築き、育むことが重要です。このために必要な要素がいくつかあります。各種のチームが設けられていること、データに基づくチームの指標が確立していること、です。つまり「この会議はうまくいったと思うか？」「ローンチは成功したと思うか？」では決してなく、「新機能をリリースしました。初日に1,000人が新機能を使用すると見ています」という考

え方です。そして実際に指標を見て、初日に新機能を導入したユーザー数を確認します。500人であれば、予想していた数値に50%、満たないということになります。

データについてこのような考え方をするようになったら、理想的なカルチャーを周囲に醸成していきます。異なるチーム同士をつなげる効果的な方法でもあります。旧来、データから縁遠いチームといえば、エンジニアです。彼らは「自分のことをコーディングをする人間」と考えがちです。担当者から当日のコーディングについて指示を受け、チケットを確認し、コードを書き、リリースします。不具合が生じ、手元にもどってきたらまた確認し、コードを修正します。

データがあり、その意味を理解していれば、製品を開発することで、昨日は導入しなかった1,000人のユーザーが導入するようになることがわかります。つまり、自身の業務が新しいツールの導入にいかに影響を及ぼすのか、理解できるようになるということです。人材からツールへ、そしてエンゲージメントへと進み、また原点に立ち返ります。

**──最後に、SaaS企業が最も重視する「結果」とはどのようなものですか？**

DannyLeung：実際、「結果」について人と話をすることは多々あります。誰もが期待する「結果」とは、収益増加です。企業である限り、さらに多くお金を稼ぎたいと考えるのは自然です。営業担当者の方は、売上増について常に考えているでしょう。しかし、「何が販売拡大に寄与するのか」という点に踏み込むべきです。そうすれば、「健全」な製品の構築につながるでしょう。
再びA社を例に挙げると、同社は旧来型のビジネスを運営していました

が、グロースマーケティングという新しい手法に移行しました。現在では、同社の事業は「デジタルファースト」です。以前、同社はソフトウェア企業でしたが、今ではSaaS型のソフトウェア企業です。このため、いっそう多くの顧客が同社の製品を使用できるようになりました。

結果的に、A社は勝ち残り、より強力になったといえます。今後もより多くのユーザーが登録するでしょうし、ビジネスに役立つ数々のサービスが揃っています。しかし、同社が下した意志決定の一つひとつを紐解けば、行っていることはすべてその都度、同じです。テスト、測定、反復、テスト、測定、反復、そしてさらにこれを繰り返します。ひたすら繰り返すのです。テスト、測定、反復、テスト、測定、反復。これが同社の手法です。

同社は実は新たな製品ラインのリリースを控えています。このプロダクトは従来、レストラン、診察所や歯科医院といった典型的な小規模事業を対象とし、顧客の財務管理を支援していました。お金を稼ぐ手段が大幅に多様化したことを受け、現在では、宅配ドライバーなど特定のビジネスにも対応しています。アメリカでは請負業に従事する人が多いため、請負業者向けのプロダクトも用意しています。つまり、同社は、ユーザーの製品の使い方を変えているのです。これは、顧客の行動を測定しない限り、できないことです。

同社は測定を続けた結果、新たな製品ラインを構築しました。今や、特定のユーザー集団の問題を解決する製品ラインが揃ったのです。これで、同じユーザー集団をターゲットとする競合他社をすべて退けることができます。A社の製品が、そのグループを掌握しているからです。

言い換えれば、この場合の「結果」は、まず、企業が製品の次の姿について常に考えていれば、製品が時代遅れになることはないということです。ユーザーのニーズを理解するために行動を起こして初めて、ニーズに応じた機能や製品は開発できます。昔はユーザーと会話をし、「これは適切に機能していますか？」「何を求めていますか？」と尋ね、回答を

自社の見解とすり合わせることしかできませんでした。今では「ああ、この要素がコンバージョンをけん引している」「この機能の活用が販売を促進している」と理解し、製品改善のための反復サイクルを回すことが可能になりました。

**——興味深いお話です。1つの結果から異なる結果について考え、行動を反復することで市場にとって価値のあるサービスを作る…ということもお話のエッセンスですね**

DannyLeung：その通りです。そして、すべてデータの活用によるものです。Amplitudeはアメリカを本拠とする製品であり、イテレーションについての同社の方向性は「他の地域にどう向かうか？」ということでした。このため、徹底的にユーザーに焦点を絞りました。最初は、アジア太平洋市場への参入を検討するべきだと考え、まずパートナー1社と展開を開始したのです。その後、複数のパートナーとの成功を見て、パートナーの数を増やしました。こうしてDearOne社とパートナーシップを組み連携を強固にしています。

パートナーシップを後押しする意味もあり、Amplitude製品は現在、日本語版も提供しています。多言語での展開は、日本語のみです。日本語版についてはひとつの取り組みから始まり、アジアで売れると証明してみよう、ということになりました。その過程で短い反復作業を行い、製品を大幅に簡素化しました。現在では、日本語版のAmplitudeが登場し、日本語の文字で使用できます。小さな変化を施し、それがやがて、完全に新たな事業領域を生む。企業はどこも、このような活動を実践しています。

# 第 7 章

# 実践！グロースマーケティングの進め方

# GROWTH MARKETING

本章では、実際にグロースマーケティングの真髄を体験していただく
ために、2つのビジネス事例をもとに、第2章で学んだ「ノーススターメ
トリック」作成、第3章で学んだ「タクソノミー設計」を実際に行ってい
きます。

# グロースマーケティング
# 購入者ダウンロード特典

ノーススターメトリック設計シートと
タクソノミー設計シートを無料ダウンロードできます。
ここからはダウンロードしたファイルを見て実際に
操作しながら読み進めていただくと理解が深まります。

https://growth-marketing.jp/book/

※このサービスは予告なく終了する場合があります。

# 〈事例❶〉 アパレルECサイトのグロース

特徴：ナショナルブランドの衣料品店として創業したのち、シンプルなデザイン、比較的リーズナブルな価格で人気を博し全国展開に成功した。それと同時に、業務の効率化を進め利益を拡大している。

業態：店舗とECの両方を運営。

課題：市場での知名度を得てからすでに20年近く経過しており、ライバル店の存在もあって市場は飽和状態である。ECへの参入は比較的後発で、ユーザー数は想定に反して伸び悩んでいる。ECの購入者数の増加と購買単価の向上が望まれている。

## ノーススターメトリック

### ステップ① プロダクトの分類

まずは、自社のサービスが、「アテンション」「トランザクション」「プロダクティビティ」のうち、どのプロダクト種別に分類するか確認します。

同社は、ECにおいて購入者数を増やし、より多くの商品を購入してもらうことが課題となっていますから、プロダクトとしては、「トランザクション」に当てはまると考えられます。

### ステップ② ノーススターメトリック仮決め

ステップ1で分類した「トランザクション」に合わせ、ノーススターメトリックを仮決めします。案としては、次のようなものが考えられます。

・総購入回数

- ・顧客当たりの購入回数
- ・毎月継続して購入するユーザー数

---

　今回は「毎月継続して購入するユーザー数」を採用します。ここでは単なる「購入ユーザー数」ではなく、「毎月継続して購入する」という点がポイントです。毎月継続して購入するということはユーザーがプロダクトに満足している証であり、企業目線だけでなく、ユーザーの満足を考慮した指標であるといえます。顧客の体験価値を含んだ指標であるノーススターメトリックの定義とマッチしています。

## ステップ③ KPIを「広がり」「深さ」「頻度」「効率」で因数分解

　「毎月継続して購入するユーザー数」は、下記のように分解できます。

### 広がり──ユーザー数

　ユーザー数は新規ユーザーと既存ユーザーに因数分解できます。

---

- ・新規の購入ユーザー数
- ・既存の購入ユーザー数

---

　同様に、「深さ」「頻度」「効率」についても、KPIに落とし込みます。

### 深さ──エンゲージメントレベル

　顧客とのつながりの深さを示す指標として1回当たりの購入点数やブランド数、お気に入りブランド数を設定します。たとえ購入回数が少なくとも、こうした指標の高いユーザーはエンゲージメントが深く、ロイ

ヤルティが高いといえます。

- ・1回当たりの購入点数
- ・購入ブランド数
- ・お気に入りブランド数

## 頻度──再訪頻度

　ECでの購入頻度がわかりやすい指標ですが、購入の先行指標として
サイトの訪問回数もKPIとなります。

- ・サイトの月間再訪頻度
- ・1人当たりのECでの月間購入回数

## 効率──タスク完了までの速度

　アパレルのECで効率というと違和感があるかもしれませんが、ここ
ではユーザーが目的を達成するまでにストレスなく、迷わずに行動でき
たか、という点を計測します。サイトへ訪問したユーザーが会員登録や
購入をするまでにかかった時間が指標となるでしょう。

- ・サイトへの新規来訪から購入までの速度
- ・会員登録の所要時間
- ・ランクアップの速度

〈結果〉

結果として、この企業のノーススターメトリックは図47のように設定できました。

## [図47] アパレルECサイトのノーススターメトリックの例

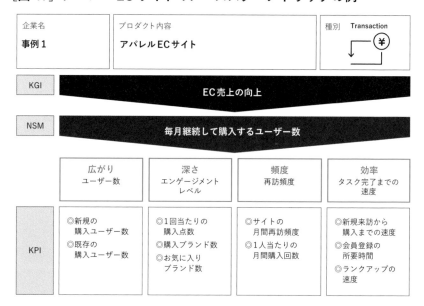

| 企業名 事例1 | プロダクト内容 アパレルECサイト | 種別 Transaction |
| --- | --- | --- |

| KGI | EC売上の向上 |
| --- | --- |

| NSM | 毎月継続して購入するユーザー数 |
| --- | --- |

| | 広がり ユーザー数 | 深さ エンゲージメント レベル | 頻度 再訪頻度 | 効率 タスク完了までの 速度 |
| --- | --- | --- | --- | --- |
| KPI | ◎新規の 購入ユーザー数 ◎既存の 購入ユーザー数 | ◎1回当たりの 購入点数 ◎購入ブランド数 ◎お気に入り ブランド数 | ◎サイトの 月間再訪頻度 ◎1人当たりの 月間購入回数 | ◎新規来訪から 購入までの速度 ◎会員登録の 所要時間 ◎ランクアップの 速度 |

このノーススターメトリックを達成するために、下記のような施策に取り組むことが考えられるでしょう。ただし、これらの施策は勘と経験に基づいて行うのではなく、ユーザーの行動データを分析し、KPIに対してどんな効果があるかという仮説を立ててから行うことはいうまでもありません。

## ・「ブランドの新作アイテム」をカート内に表示

　商品をカートに入れたユーザーに、親和性のあるブランドの新作情報を提供することで、同時購入を促すとともに、お得な情報を得られたという満足度を高めてもらう。

　→「深さ」のKPIである「1回当たりの購入点数」を高める効果が期待できます。

## ・「値下げ情報」のプッシュ通知

　一度、商品購入を検討して購入に至らなかったユーザーに向けて、該当商品を値下げした際にプッシュ通知を行い、サイトへの再訪を促す。

　→「頻度」のKPIである「サイトの月間再訪頻度」を高める効果が期待できます。

## ・「ワンクリックで購入」ボタンの設置

　検討する余地なく購入を決定している人が、商品ページから1クリックで決済できるような仕組みを設けることで、購入時のユーザーのストレスを軽減する。

　→「効率」のKPIである「サイトへの新規来訪から購入までの速度」を高める効果が期待できます。

# タクソノミー設計

　上記で設定したノーススターメトリックや各種指標を達成し、ビジネスをグロースするためには、ECサイトにおけるユーザーの行動データを正しく整え、理解する必要があります。そのため、ECサイトのアクセスログに対してタクソノミー設計を行います。通常はタクソノミー設計におけるイベントはボタンクリック等のユーザー行動を計測することが

多いのですが、今回のようなECサイトの場合は「購入完了」等の主要な画面はページビューもイベントとして計測できるようにすることが重要です。アプリであればボタンタップによるページ遷移の導線は限られていますが、ECサイトは導線が複雑なためボタン側だけでなく、遷移した先の画面側でもイベントを取得する方が漏れが少なくなるのです。

## 1：イベント設計

　図48のようにイベントを設計します。

　提供するサービスの形態によって、発生するイベントの種類が異なってきますので、詳しく列挙していきます。また、この図では、販売チャネルのうち、ECサイトでのユーザー行動について定義していますが、同様に、オフライン店舗での行動についても定義し、紐付けることが必要です。

　なお、ここでは、サービス内のすべてのイベントを洗い出す必要はありません。そこにこだわりすぎると、逆に分類方法が理解しづらくなります。イベントの数を減らすことで、製品で本来追跡すべき重要なことに集中することができます。

　ただし、クリティカルパスとなる、購入に至る段階のフローについては、すべてのイベントを詳しく説明する必要があります。すべてのステップを注意深く計測しないと、離脱を正確に分析することは難しくなります。

## ［図 48］ アパレル EC サイトのイベント設計の例

| イベント名 | イベント発火条件 |
|---|---|
| トップページを開く | ユーザーがトップページを開いた時 |
| ページを閉じる | ユーザーがページを閉じた時 |
| ログイン | ユーザーが自身のアカウントにログインした時 |
| ログアウト | ユーザーがログアウトした時 |
| サインアップ：「アカウントを作る」をクリック | ユーザーが「アカウントを作る」をクリックした時 |
| サインアップ：情報を入力 | ユーザーがプロフィール情報の入力に成功した時 |
| サインアップ：アカウントを作成 | ユーザーがアカウントの作成に成功した時 |
| サインアップ：アカウント確認 | ユーザーがアカウントを確認した時 |
| チュートリアル：アイテムを検索 | ユーザーが第1のツールチップに従った時 |
| チュートリアル：アイテムをクリック | ユーザーが第2のツールチップに従いアイテムをクリックした時 |
| チュートリアル：「欲しいものリスト」のアイテム | 「欲しいものリストに入れる」のツールチップがポップアップ表示された時 |
| チュートリアル：アイテムをカートに入れる | 「カートに入れる」のツールチップがポップアップ表示された時 |
| アイテムを検索する | ユーザーが検索をした時 |
| アイテムを閲覧する | ユーザーがアイテムページを閲覧した時 |
| カートに入れる | ユーザーがアイテムをカートに入れた時 |
| カートの中身を見る | ユーザーがカートの中身を閲覧した時 |
| カートのアイテムを削除する | ユーザーがカートからアイテムを削除した時 |
| 「欲しいものリスト」に加える | ユーザが「欲しいものリスト」にアイテムを入れた時 |
| 「欲しいものリスト」のアイテムを削除する | ユーザーが「欲しいものリスト」からアイテムを削除した時 |
| チェックアウト：「購入する」をクリック | ユーザーが「購入する」ボタンをクリックした時 |
| チェックアウト：配送先を選ぶ | ユーザーが配送先情報の投稿に成功した時 |
| チェックアウト：配送方法を選ぶ | ユーザーが配送方法の投稿に成功した時 |
| チェックアウト：支払い方法を選ぶ | ユーザーが「支払い情報を設定する」をクリックした時 |
| チェックアウト：支払い情報の認証に成功する | 支払い情報の認証に成功した時 |
| チェックアウト：支払い情報の認証に失敗する | 支払い情報の認証に失敗した時 |
| チェックアウト：クーポンの認証に成功する | ユーザーがクーポン適用に成功した時 |
| チェックアウト：クーポンの認証に失敗する | ユーザーがクーポン適用に失敗した時 |
| チェックアウト：注文内容を確認する | ユーザーが「注文内容を確認する」をクリックした時 |
| チェックアウト：注文内容を編集する | ユーザーが「注文内容を編集する」をクリックした時 |
| チェックアウト：注文情報を編集する | ユーザーがチェックアウトのセクションで「編集」ボタンをクリックした時 |
| チェックアウト：注文を確定する | ユーザーが「注文を確定する」をクリックした時 |
| チェックアウト：注文完了 | ユーザーの注文が認証された時 |
| ランクアップ | ユーザーステータスがランクアップした時 |

## ❷ イベントプロパティ設計

設定したイベントにイベントプロパティを定義していきます（図49）。

例えば、「商品を閲覧する」というイベントがあります。ユーザー行動分析をする際に、「何の商品を閲覧したのだろう？」「商品の価格で分析するとどういう示唆が出るのだろう？」という疑問が想定されます。そのために、あらかじめイベントプロパティに「商品ID」や「価格」を設定しておくのです。こうした、分析に必要だと思われるイベントプロパティをもれなく定義づけていきます。

**[図49] アパレルECサイトのイベントプロパティ設計の例**

| イベント名 | イベントプロパティ | | |
|---|---|---|---|
| | イベントプロパティ名 | サンプル値 | コメント |
| トップページを開く | ソース | ダイレクト、プッシュ通知 | どこからオープンしたか |
| ログイン | タイプ | Eメール、Facebook、Twitter | アカウントのタイプ |
| ログアウト | タイプ | Eメール、Facebook、Twitter | アカウントのタイプ |
| サインアップ　アカウントを作成 | タイプ | Eメール、Facebook、Twitter | アカウントのタイプ |
| アイテムを検索する | 結果 | 整数 | 表示された商品の連番 |
| アイテムを閲覧する | カテゴリ | トップス、ボトムス、靴、宝石 | 商品カテゴリ |
| | プロフィール | 女性、男性、ジュニア、子供 | 出広している性別／年齢層 |
| | 値段 | 数値 | 商品価格 |
| | 商品ID | 商品ID | |
| | ブランドID | ブランドID | |
| カートに入れる | カテゴリ | トップス、ボトムス、靴、宝石 | 商品カテゴリ |
| | プロフィール | 女性、男性、ジュニア、子供 | 出広している性別／年齢層 |
| | 値段 | 数値 | 商品価格 |
| | サイズ | S、M、L、4、5、6 | サイズ展開 |

## ❸ ユーザープロパティ設計

続いてユーザープロパティ設計です。イベント（行動）の主語になる人の部分についての属性情報を付帯させます。

| ユーザープロパティ名 | 値 | コメント |
|---|---|---|
| Eメール | ユーザー・アカウントのEメール | |
| 性別 | 女性、男性 | |
| 支払に関する情報を保存 | 真（true）、偽（false） | 購入方法を保存しかたどうか |
| 通知 | オン、オフ | お知らせ通知を希望したかどうか |
| 購入されたカテゴリー | 例：［シューズ、ジュエリー］ | これまでに購入したカテゴリの配列 |
| 「欲しいものリスト」の全アイテム数 | 整数 | お気に入りにあるアイテム数 |
| 注文の合計数 | 整数 | 過去の注文数 |
| ブランド累計注文数 | 整数 | 過去のブランド累計注文数 |
| ユーザーランク | 整数 | ユーザーのランク |

# 〈事例❷〉定額音楽配信サービスのグロース

　特徴：サブスクリプション型のビジネスモデル。ユーザーは、毎月定額料金を支払うことで、配信されている曲を自由に聞くことができる。サービスとして、好きな曲のプレイリスト作成、他のユーザーへのおすすめ、コメント機能などがある。

　サービス形態：スマートフォンアプリ、Webサイトにて利用可能。

　課題：大手の競合が多く、配信曲も似通っている。興味を持ってくれた人に対しできるだけ新規顧客獲得までの離脱を防ぐこと、また途中退会、利用中断を抑止し、できるだけ長く利用してもらうことが課題である。

# ノーススターメトリック

## ステップ① プロダクトの分類

　このサービスは、より多くの時間をサービスに費やしてもらうことが求められますので、プロダクト分類は「アテンション」になります。

## ステップ② ノーススターメトリック仮決め

　ノーススターメトリックの候補としては、以下のようなものが挙げられるでしょう。

---

　　・月間音楽再生時間
　　・月間音楽再生動画数
　　・連続音楽再生時間

---

　今回は、「月間コンテンツ再生時間」をノーススターメトリックとして設定します。

　ここでも、ユーザー体験が考慮されていることに注目ください。月間コンテンツ再生時間が長いということは、多くのユーザーが長くサービスを利用しているということです。

　企業の収益を因数分解すると、定額契約ユーザー数 × 月額契約料となりますので、契約後のユーザーの再生時間など気にしなくてもよいはずです。しかし、企業が契約後のユーザー体験を最大化させなければ、ユーザーが定着しないためチャーンが発生し、結果的に収益が増えません。そのため、こうしたユーザー体験を考慮した指標が重要なのです。

## ステップ③ KPIを「広がり」「深さ」「頻度」「効率」で因数分解

「月間コンテンツ再生時間」は、下記のように分解できます。

### 広がり──ユーザー数

　ここでも広がりはユーザー数で表すことができます。サブスクリプションサービスの場合、最初は無料でトライアルし、その後有料契約を行うケースが多いため、そのどちらのユーザー数もKPIとしては重要でしょう。

---

　　・無料体験ユーザー数
　　・有料契約ユーザー数

---

### 深さ──エンゲージメントレベル

　ユーザーのサービスとのエンゲージメントは、音楽の共有数や友だちやアーティストのフォロー回数で測ることができます。サービスの利用が同じ1回であったとしても、こうした指標が高いユーザーの方がサービスをうまく活用していることがわかります。

---

　　・音楽共有数
　　・友達やアーティストのフォロー回数
　　・アーティストの並聴数

---

### 頻度——再訪頻度

　頻度はサービスの利用頻度です。音楽配信サービスでは週当たりのサービス利用回数等がわかりやすい指標でしょう。ニュースアプリやSNS等、サービスによっては週ではなく日単位で計測すべきものもあるかもしれません。

- ・1ユーザー当たりの週次平均サービス利用回数
- ・前回利用からの期間

### 効率——タスク完了までの速度

　音楽配信サービスでユーザーが行いたいことは音楽の再生でしょう。そのため、効率の指標としては真っ先にログインから音楽再生までに要した時間が挙げられます。そのほかにも検索ヒット数の数値も、ユーザーに快適な体験を提供するためには重要な指標でしょう。

- ・ログインから音楽再生までに要した時間
- ・検索ヒット数
- ・完聴率

### 〈結果〉

　結果として、この企業のノーススターメトリックは図51のように設定できました。

| 企業名<br>事例2 | プロダクト内容<br>音楽ストリーミングサービス | 種別　Attention |
|---|---|---|

| KGI | プレミアム会員による月額サブスクリプション収益の増加 |
|---|---|

| NSM | 月間コンテンツ再生時間 |
|---|---|

| | 広がり<br>ユーザー数 | 深さ<br>エンゲージメント<br>レベル | 頻度<br>再訪頻度 | 効率<br>タスク完了までの<br>速度 |
|---|---|---|---|---|
| KPI | ◎無料体験<br>　ユーザー数<br>◎有料契約<br>　ユーザー数 | ◎音楽共有数<br>◎友達や<br>　アーティストの<br>　フォロー数<br>◎アーティストの<br>　並聴数 | ◎1ユーザー当たり<br>　の週次平均<br>　サービス利用回数<br>◎前回利用からの<br>　期間 | ◎ログインから<br>　音楽再生までに<br>　要した時間<br>◎検索ヒット数<br>◎完聴率 |

このノーススターメトリックを実現するための施策としては、例えば、下記のようなものが考えられるでしょう。

## ・自動再生機能の追加

　セッション滞在時間を増加させるため、1曲聴いたらその勢いで2曲目も途切れずに聞いてしまうような流れを作る。

　→「深さ」のKPIである「1回のサービス利用当たりの滞在時間」を高める効果が期待できます。

## ・フレンド機能の追加

　有料契約ユーザー数を増やすために、ユーザー同士が繋がりを持てる機能を追加することで、アプリ内に滞在していることがより心地よいと感じてもらえる状態を高める。

→「頻度」のKPIである「友達やアーティストのフォロー回数」を高める効果が期待できます。

## ・検索予測ワード機能の追加

　効率よく検索をしてもらうため、検索予測キーワードを表示させるようにする。こうして機能性・効率性を高めることで、ユーザーに快適だというエンゲージメントを感じてもらい、プレミアムユーザーへの転換を図る。
　　→「効率」のKPIである「検索ヒット数」を高める効果が期待できます。

# タクソノミー設計

　上記で設定したノーススターメトリックや各種指標を達成し、ビジネスをグロースするためには、ユーザーの行動データを正しく整え、理解する必要があります。そのため、アプリとWebのアクセスログに対してタクソノミー設計を行います

　サブスクリプションサービスのタクソノミー設計で注意する点は、無料会員から有料会員への転換点をイベントとして測定することです。サブスクリプションサービスは、初回は無料会員登録をして使い始めるものがほとんどです。ここから有料会員へアップグレードできないと収益が上がりません。そのため、ECでの購入コンバージョンにあたる、有料会員への転換点が非常に重要なのです。
　また、ECが複数のページを閲覧して最終的に商品の購入にたどり着く導線を描くのに対して、サブスクリプションサービスは音楽を聴く、動画を見るといった1つの行動イベントがユーザー体験の満足度を大きく左右することがあります。例えば音楽を聴く際に、どの設定で聞いたのか、ストリーミングなのかダウンロードしたのか、回線はWi-Fiなのか

キャリア回線なのか、等。

　そのため、こうした体験をより多角的に把握するためにイベントに対してイベントプロパティの設定が多くなります。

　また、思いもかけない行動がユーザーの体験価値の向上につながっていることが多いため、一見関係のなさそうな行動イベントでも計測しておくことが重要です。

　ではこちらもイベント設定、イベントプロパティ設定、ユーザープロパティ設定の結果を見てみましょう。

## ［図 52］ 定額音楽配信サービスのイベント設計の例

| イベント名 | イベント発火条件 |
|---|---|
| セッションを開く | ユーザーがアプリを開いた時 |
| セッションを閉じる | ユーザーがアプリを閉じた時 |
| ログイン | ユーザーが自身のアカウントにログインした時 |
| ログアウト | ユーザーがログアウトした時 |
| エラー遭遇 | ユーザーが何らかのエラーに遭遇した時 |
| アカウント作成開始 | ユーザーがアカウント作成を開始した時 |
| アカウント情報入力成功 | ユーザーがアカウントの情報入力に成功した時 |
| アカウント作成完了 | ユーザーがアカウントの作成に成功した時 |
| アカウント確認 | ユーザーがアカウントを確認した時 |
| オンボーディングステップ完了 | ユーザーがオンボーディングステップを完了した時 |
| オンボーディング完了 | ユーザーがオンボーディングを完了した時 |
| オンボーディングをスキップ | ユーザーがオンボーディングをスキップした時 |
| プロフィール作成開始 | ユーザーがプロフィール作成を開始した時 |
| プロフィール作成完了 | ユーザーがプロフィール作成を完了した時 |
| メインブラウザ参照 | ユーザーがメインブラウザを参照した時 |
| 検索を入力 | ユーザーが検索の入力を開始した時 |
| 検索完了 | ユーザーが検索を完了した時 |
| 検索結果をクリック | ユーザが検索結果をクリックした時 |
| コンテンツカテゴリを表示 | ユーザーがコンテンツカテゴリページを表示した時 |
| ジャンルを表示 | ユーザーがカテゴリ内の特定のジャンルを表示した時 |
| 詳細ページを表示 | ユーザーがコンテンツ詳細ページを表示した時 |
| 曲をスタート | ユーザーが曲をスタートした時 |
| 曲を終了 | ユーザーが曲を終了した時 |
| お気に入りに追加 | ユーザーがコンテンツをお気に入りに追加した時 |
| お気に入りから削除 | ユーザーがコンテンツをお気に入りから削除した時 |
| プレミアム会員転換 | ユーザーがプレミアム会員にアップグレードした時 |
| コンテンツの共有 | ユーザーがコンテンツを共有した時 |

## ［図 53］定額音楽配信サービスのイベントプロパティ設計の例

| イベント名 | イベントプロパティ | | |
| --- | --- | --- | --- |
| | イベント<br>プロパティ名 | サンプル値 | コメント |
| セッションを開く | ソース | ダイレクト、プッシュ通知 | どこからオープンしたか |
| セッションを閉じる | ソース | オンボーディング、曲を再生、<br>購入、お気に入り | どこで閉じたのか |
| ログイン | タイプ | Eメール、Facebook、Twitter | アカウントのタイプ |
| ログアウト | タイプ | Eメール、Facebook、Twitter | アカウントのタイプ |
| エラー遭遇 | エラータイプ | オンボーディング、曲を再生、購入 | どこでエラーが起きたか |
| アカウント作成開始 | アカウントタイプ | Eメール、Facebook、Twitter | ログインのアカウントタイプ |
| アカウント情報入力成功 | アカウントタイプ | Eメール、Facebook、Twitter | ログインのアカウントタイプ |
| アカウント作成完了 | アカウントタイプ | Eメール、Facebook、Twitter | ログインのアカウントタイプ |
| アカウント確認 | 承認方法 | Eメール、電話、テキスト | 情報確認の方法 |
| オンボーディング<br>ステップ完了 | オンボーディング<br>ステップ | プロフィール写真のアップロード、<br>お気に入りのジャンル追加 | ユーザーが完了した<br>オンボーディングのステップ |
| | お気に入りの曲数 | 整数 | 曲をお気に入りに追加の<br>ステップで、何曲追加したか |
| | お気に入りの<br>ジャンル数 | 整数 | ジャンルをお気に入りに<br>追加のステップで、<br>何ジャンル追加したか |
| | お気に入りの<br>ジャンル | ジャンル名1、ジャンル名2 | お気に入りに追加した<br>ジャンルは何か |
| 曲をスタート | 商品ID | 商品ID | |
| | アーティストID | アーティストID | |
| | コンテンツジャンル | コンテンツジャンル | |
| | 再生時間 | 再生時間 | |
| | 流入元 | 流入元 | |
| コンテンツの共有 | 商品ID | 商品ID | |
| | アーティストID | アーティストID | |
| | コンテンツジャンル | コンテンツジャンル | |
| | 再生時間 | 再生時間 | |
| | 流入元 | 流入元 | |
| 曲を終了 | 商品ID | 商品ID | |
| | アーティストID | アーティストID | |
| | コンテンツジャンル | コンテンツジャンル | |
| | 完聴 | 完聴 | |
| | 再生時間 | 再生時間 | |
| | 流入元 | 流入元 | |
| アカウント確認 | 商品ID | 商品ID | |

## ［図 54］ 定額音楽配信サービスのユーザープロパティ設計の例

| ユーザープロパティ名 | 値 | コメント |
| --- | --- | --- |
| E メール | ユーザー・アカウントの E メール | |
| 性別 | 女性、男性 | |
| ユーザー情報を保存 | 真（true）、偽（false） | ユーザー情報を保存しかたどうか |
| 通知 | オン、オフ | お知らせ通知を希望したかどうか |
| 購入されたカテゴリー | 例：［シューズ、ジュエリー］ | これまでに購入したカテゴリの配列 |
| 「欲しいものリスト」の全アイテム数 | 整数 | お気に入りにあるアイテム数 |
| 注文の合計数 | 整数 | 過去の注文数 |
| アーティスト累計注文数 | 整数 | 過去のアーティスト累計注文数 |
| ユーザーランク | 整数 | ユーザーのランク |

# おわりに

株式会社DearOne

代表取締役社長 河野 恭久

## 米国企業視察での体験

　弊社DearOneが米国Amplitudeと協業するにあたり、私が現地の企業やそのサービスを目の当たりにした時、正直、驚きを禁じ得ませんでした。

　グロースマーケティングの手法をフル活用し、ユーザーエクスペリエンスを効果的に、効率的に磨き上げている様子に、大きな感動を受けたのです。それはAmplitude導入企業だけでなく、Amplitudeという企業自体からもその姿勢を感じました。

　同時に、今の日本企業がいかに遅れているかということを痛感したのです。

「この素晴らしい手法を、国内の企業にもぜひ伝えたい！」「多くの日本企業の力になりたい！」と強く実感したのが、本書を上梓しようと考えたきっかけです。

## 失敗してもいいから実践してみよう

　本書をここまでお読みいただき、グロースマーケティングの概念と魅力を十分にご理解いただけたことと思いますが、強く訴えたいのは、これを理解するだけで終わらせず、ぜひとも皆様に実践していただきたいということです。

　日本でこうした新しい手法を導入しようとする時、理解はできても実際には取り組めずに終わってしまうケースがよくあります。たしかに従来のやり方では、時間も手間もかかるため、このような結果になること

も仕方ない面はありました。

　しかし現在では、世の中に数多くのグロースマーケティングを実現させるためのツールが豊富にあり導入の手間や時間をかけずにグロースマーケティングの真髄とも言えるラピッドイテレーションの実施環境を素早く整えることが可能です。

　理解するのと実践するのとでは雲泥の差があります。米国の名だたる企業が、年間1,000回以上のグロースエンジンを回していることは本文で述べましたが、このすべてが成功を収めているわけではなく、多くの失敗を経て、今のような発展を遂げているのです。日本のカルチャーには、何事も完璧に進めようとして結局動けないという悪い面がありますが、これでは真のグロースマーケティングはいっこうに実現できません。失敗してもいいから、やってみるということが大切です。

## 目標を最初に設定すること

　グロースマーケティング実践の際に重要なのは、KGI、KPI、ノーススターメトリックを最初に設定することです。「自分たちがどこに向かうのか？」という目標の設定が非常に重要です。

　目標を設定することなく、ただ取得したデータを見た場合、一過性の「示唆」を得られることはあっても、結局のところ行き当たりばったりの結果に終わります。なぜなら、そこで得られる示唆は、目の前の課題に対して現れるミクロの世界の示唆であり、サービス全体を俯瞰してみた時の本質的な示唆は見えてこないからです。

　KGI、KPI、ノーススターメトリックが正しく設定されると、消費者に目を向けたゴール目標が、部署に限らず企業・サービス全体で定まります。

　例えば、プロダクトに何か機能を追加しようと考えた時、どうしても「売れるかどうか」「儲かるかどうか」というような、企業目線の指標で経営判断をしがちです。そうではなく、「最終的にユーザーに喜んでも

らえるかどうか？」といった、ユーザーエクスペリエンス目線の指標で判断し、かつその指標を組織全体の共通言語として、経営、エンジニア、営業など部署に関係なく確認できるようにすることが理想です。

　組織全体が迷った時にいつでも振り返ることができる、まさに「北極星」の指標。これをぜひ設定していただければと思います。

　また、KGI、KPI、ノーススターメトリックを設定することで、メンバーが自然と計測したくなる好循環が生まれます。目標に対する現在の位置を知ろうとすること自体が、組織の自律的な成長を促すのです。

## ノーススターメトリックをどの単位で設定するか

　多くの成功事例の中でノーススターメトリックが最も効果を発揮するのは、1つのプロダクトがその企業の事業そのものであるような場合です。例えばNetflixなどがそれにあたります。

　ただし、そうではない企業もあります。例えば小売店グループで、実店舗、ECサイトなど複数の収益源を持っているような場合、「どこに目標を設定すればよいのか」という課題が生まれることがあります。

　こういう場合、まずはチャレンジすることが重要と考えます。したがって、まずはプロダクト、アプリ、メディアなどの単位でノーススターメトリックを導入してみることをおすすめします。

　例えば、ある全国チェーンを展開するマッサージ店では、まず自社アプリでノーススターメトリックを「予約」に設定しました。このように、本業に繋がるノーススターメトリックの設定をすれば、アプリのグロースを図る際、「いかにユーザーが予約をしたくなるか」という観点で見ることができ、それが最終的には実店舗、企業全体のKGIである収益につながるようになります。

　あまりハードルを上げずに、まずは担当プロダクト単位、担当メディア単位で取り組んでいくのがよいと思います。

## 社内に担当者を配置する

　最後に、社内に専任担当者を配置することをおすすめします。

　グロースマーケティングは、チームで実践されるべきものです。グロースハックの生みの親ショーン・エリス氏は、「50％でいいから社長もグロースに参加しなさい」と語っています。それぐらい、全社を挙げて取り組むことが、グロースにおいては重要になります。

「概念は理解できた」「やらなければいけないという課題も認識できた」しかし「内部にリソースがないから外注」といった日本的な発想はやめ、自分達自身で取り込むということを検討してもらいたいと思います。その時、DearOneは、最適最善な手法をお伝えすることで、きっと皆様のお役に立てると思います。

　本書をきっかけにグロースマーケティングを導入していただき、私がAmplitudeに出会ったあの感動を、皆様にも同じように味わっていただけると幸甚です。

2021年4月

## 【著者略歴】
## 株式会社DearOne（かぶしきがいしゃでぃあわん）

株式会社NTTドコモのマーケティング分野における新規事業型子会社。スマートフォン黎明期から積み重ねたアプリ開発ノウハウを元に、プッシュ配信機能やクーポン機能をはじめとした豊富な機能を有する公式アプリを開発できるSaaS型アプリ開発サービス「ModuleApps」を提供。2019年からは米国No.1のユーザー行動分析ツールである「Amplitude」の日本総合代理店として、Amplitude認定資格を有したグロースチームによるAmplitudeのサービス組込みから分析示唆出しの総合支援をスタート。アプリのスクラッチ開発から、DMP/CDPの構築、分析、プロモーション、グロース支援等、企業のデジタルトランスフォーメーションを一気通貫でサポートしている。

＜制作執筆協力＞
河野 恭久、三石 剛由、安田 一優、小嶋 利典、又吉 陽二郎、澤 由美子、松尾 彩乃

# グロースマーケティング

2021年 5月 1日 初版発行

**発 行　株式会社クロスメディア・パブリッシング**

発 行 者　小早川 幸一郎
〒151-0051　東京都渋谷区千駄ヶ谷4-20-3 東栄神宮外苑ビル
http://www.cm-publishing.co.jp
■本の内容に関するお問い合わせ先 ……………………… TEL (03)5413-3140／FAX (03)5413-3141

**発 売　株式会社インプレス**

〒101-0051　東京都千代田区神田神保町一丁目105番地
■乱丁本・落丁本などのお問い合わせ先 …………… TEL (03)6837-5016／FAX (03)6837-5023
service@impress.co.jp
(受付時間 10:00〜12:00、13:00〜17:00　土日・祝日を除く)
※古書店で購入されたものについてはお取り替えできません

■書店／販売店のご注文窓口
株式会社インプレス　受注センター ……………………… TEL (048)449-8040／FAX (048)449-8041
株式会社インプレス　出版営業部……………………………………………… TEL (03)6837-4635

ブックデザイン　金澤浩二 (cmD)　　　　　　　印刷・製本　株式会社シナノ
図版作成　長田周平　　　　　　　　　　　　　校正　konoha
DTP　内山瑠希乃・小曽川美香　　　　　　　　ISBN 978-4-295-40524-5 C2034
©DearOne, Inc. 2021 Printed in Japan